贏家理財

Magic Money Tips

—— 財商教練 ——
章鈿博士·著
—— 顧問 ——
Joe · Ivy

> 財，越理越少，是你不會理財，
> 還是根本就用錯方法？

和你想的不一樣

~沒學過也看得懂的投資理財書~

現今社會上，存在著許多「高學歷的貧窮人」，為什麼？金融海嘯，許多投資人哀鴻遍地，能倖免者幾希，為什麼？念了許多理財的書，上過許多理財的課，看了許多電視上理財相關節目，聽了許多理專及投顧老師的建議，結論還是輸，我們的教育是不是出了問題？還是這個社會真的病了？

一、學校教育的偏差

在升學壓力下，以往國、高中及小學，缺乏理財教育，目前政府雖有編訂一些教材，但卻更像公民與道德，教導小朋友如何省錢、不亂花錢，缺少生動性、積極性的創富理念；而大學商學院的課程，則偏向形而上的模組化研討，將簡單的「生活理財」過度學問化、複雜化，以致於校園流傳一句笑話：有些商學院的教授「只會教書、不會理財」！

二、社會教育的誤導

打開電視、攤開專業週刊，幾乎大部分媒體一提到理財，多數就是「買賣股票」，教導投資朋友：如何觀察技術指標，如何買進、賣出，如何炒短線、追逐明牌……包括許多大學的推廣教育、各地的社區大學亦復如此。

其實多數的投資朋友都知道，散戶搶短線的結果，80至90%都是輸家。但是貪婪、好賭這又是人性的弱點，賭贏了，認為自己很行；賭輸套牢了，則吵著叫政府勞退基金、國安基金進場「套牢」，好讓自己出場「解套」，甚至還請民意代表對政府施壓……這難道就是貪婪之島的民主政治，社會大學的金錢遊戲必修學分？

三、金融體制的缺失

台灣金融業存在一個比較嚴重的問題，那就是「理專」對投資大眾所產生的誤導。其實有些銀行的理專，只是金融機構最基層的行員，充其量只是個初階的金融商品

銷售員。由於台灣金融市場規模太小，而銀行是一個營利事業單位，當然需要一群行銷人員（理專）來創造業績。有些不肖的行銷人員為了衝業績，除了過分誇大產品之功能與績效外，有時為了賺取交易手續費，更會催促客戶頻繁的交易。難怪有人說：「有些金融機構很難幫客戶賺到錢」。

「商品銷售人員」的氾濫，而真正專業的全方位的「理財規劃人員」則少之又少，再加上有些理專的利益與客戶利益是衝突的，更讓許多投資者對金融機構失去以往的信賴，連動債事件就是最典型的案例！

四、從財務工程到幸福工程

基此，感觸頗深，總覺得這個社會似乎欠缺什麼。我思、我見、我聞……故編撰本書，從財務工程「如何架構一個永續收入系統」到幸福工程的「社會責任篇」，祈對投資朋友有些許助益。

推薦序 P·R·E·F·A·C·E

　　看完章鈿博士的著作，深感榮幸能為其寫推薦序。這麼一本淺顯易懂又實用的好書，跳脫傳統理財書籍的敘述方式，令人耳目一新，愛不釋手，是一本實用型投資教戰新手冊，相信會引起大眾廣泛注意。

　　在金融市場風平浪靜時，你絕對無法感受到它隱藏了什麼風險，2008年的金融海嘯，以前所未見的下跌速度及幅度讓許多家庭的財務狀況陷入一片黑暗，因此作者有感而發，直接點出投資大眾錯誤的行為，以及外在環境存在的問題。在這社會上，說實話的人不一定受到歡迎，多數人還是喜歡別人畫大餅或編織美麗的夢。但是，在投資這件事上若無法認清投資市場的真面目，盲目跟著理專、名嘴或媒體的建議走，最後多半是追高殺低，十之八九會傷痕累累。

　　這本書絕不人云亦云；它別開生面地從理財觀念出發，到我們為何會有理財的需求，探討如何在充滿誘惑與意外的金融市場上保住本金，並且持續以「時間×績效×複利」的模式來累積財富，達到投資所得替代薪資所得的目標。書中給了投資人理財不能不知的基礎學識，以及如何運用理財策略與理財工具完整的介紹。

　　所謂「工欲善其事，必先利其器」，「工具決定一

切，選擇比努力重要」，書中也用不同的視野剖析如何在金融投資上安全獲利，包括短、中、長期，以全方位觀點來理財，還貼心放入許多實例，有了全方位的理財操作實務，進而實現人生理想，從架構人生第二事業部到退休，到財富的傳承，從財富工程到幸福工程，尤其是社會責任篇，我很欣賞這部分，所謂有錢能使鬼推磨；錢能載舟，亦能覆舟，「財富應該是為幸福而準備才是！」。

　　本書篇幅不多，但邏輯嚴謹，用語易懂，值得讀者細讀思考，無論是社會新鮮人，上班族，企業老闆，退休族……也不論目前是否有財可理，亦或無財可理，相信本書一定能帶領讀者進入一個投資的新境界。

艾薇 Ivy.

這是一本工具書,不是教科書;教科書重理論,工具書重實務。本書易讀、易懂,最重要的是精研此書,在投資理財之路,可以「一步到位,一勞永逸」。如果能按本書所安排的章節,循序漸進的實踐,要輸很難,贏是常態!只要做好規劃與配置,持之以恆,就可架構一個「永續的收入系統」。

現今是一個專業分工的世代,如果您很忙碌,又無法學習專業知識,不妨嘗試下列成功的理財捷徑三部曲:

1. 找到一位有豐富成功經驗的「全方位理財規劃顧問」,協助做好「財務規劃與資產配置」。

2. 在理財規劃顧問協助下,選擇適合的投資理財工具進場。

3. 進場後,定期與理財規劃顧問進行績效檢討追蹤。

為何要這樣做?又如何選擇一位「全方位的理財規劃顧問」?在本書規劃篇有提及,一位全方位的理財規劃顧問,不應只是一位銀行理專或保單銷售員或券商營業員,他涉獵的範圍,除了須具備上述之專業與經驗外,尚需熟習總體經濟、國際金融動向、產業訊息及「豐富的投資理財全方位規劃實務」與「眾多的成功經驗與案例」等。

在這專業分工的世代:當我們有健康上的問題,需就

教於醫師、營養師；有法律上的問題，需就教於律師；會計、審計、稅務問題，需就教於會計師；理財的問題，需就教於「全方位的理財規劃顧問」。

本人在金融界及教育界服務的那段期間，最常碰到投資朋友問的第一個問題是：「老師，有沒有明牌？聽說○○股票要漲到○○元，真的嗎？」；第二個問題是：「老師，能不能告訴我們如何解套？」有趣的是，這兩個問題好似孿生兄弟，亦步亦趨。因為聽信明牌是因，套牢是果！我給同學們的回答是：「如果我們一開始就不被套牢，何須解套？如果我們能先做好理財規劃，再選擇配置些不容易被套牢的好工具，規律投資，持之以恆，就可做到輕鬆理財，快樂致富！投資理財，就是要贏在起跑點上，而不是跳進去套牢，再苦思解套之方……。」很難得的，這些觀念在本書中都有很精闢的描述。

章鈿先生對投資理財規劃，看法獨特，其眼光有別於坊間分析師或理專，頗有「全方位」的見地。相信本書在章鈿先生及編輯群──「RFS註冊金融理財師」們的精心規劃下，能提供投資朋友在投資理財之領域有個正確的觀念與方向，助益良多！

喬恩 Joe.

自序 P·R·E·F·A·C·E

　　有感於現今社會，仍存在許多無法真正了解正確投資理財方法的人，我們從小到大，家庭、學校很少教過投資理財實務課程；出了社會或少有機會學習，或僅經由保險經紀人、證券經紀商或銀行理專認識一些金融商品。結果，輸的現象仍時有所聞，許多人都在問，如何投資理財？而一般人最常詢問的對象，就是理專、營業員、分析師、商學院教授、媒體記者或保險從業人員等，但令人失望的是，大多是輸的多、贏的少。

　　個人長期在企業界擔任資訊與企管顧問，並且在企業界、學術界教導「風險管理」，看到一些人沒有正確的理財觀念就隨意投資，甚至借錢去投資又失敗，後果慘不忍睹。於是興起想出一本「觀念淺顯易懂，策略簡單可行，操作起來又不複雜的全方位理財書」。

　　三年前在「美國金融管理學會」所舉辦的「國際金融研訓課程」認識喬恩顧問，大家都有想要導正社會理財觀念的想法，深談之下，才知道他曾擔任很多上市、櫃公司董監的私人理財顧問，也幫很多企業家規劃財務工程，進而架構幸福工程及稅務工程，除了企業主受惠之外，還能富傳三代⋯⋯於是商請喬恩顧問協助規劃本書。

　　由於喬恩顧問服務於金融界已30餘年，業界輩分極

高，在金融各領域之經歷背景相當豐富，又曾在高普考補習班及學術界擔任過講師，現有財經金融機構高階主管不乏是他的學生或部屬（喬恩顧問退休後，行事風格相當低調，喬恩是他的筆名）。

　　結合喬恩顧問多年完整的經歷，我們的一群朋友，在2008世紀金融大海嘯那年，不但能躲過一劫，2009年V型回升，我們整體平均獲利，超越100%，成績相當亮麗，讓我們更堅信全方位理財的重要性，全力推動幸福的財務工程。本書出版特別商請AAFM國際金融證照資深名師：喬恩（Joe）、艾薇（Ivy），及陣容堅強的編輯群，AAFM美國金融管理學會「RFS註冊金融理財師」們，包括：Raymond、Adam、Sunny、Amy、Jackie、Savina、Geoffrey、Jennifer、Allen，提供他們在職場上一、二十年以上的從業實務經驗，希望本書的出版，能彌補家庭、學校及社會教育的不足，讓大家有一個簡單易懂、正確的理財觀念外，更期望看過本書的讀者，能透過簡單的財務工程，重新建立對財富的價值觀，好好為自己規劃一個「充滿幸福且財富自由」的「愜意人生」。

目錄 C·O·N·T·E·N·T·S

 Chapter **1** 觀念篇
開啟致富之路，財富人生之鑰

Chapter **2** 需求篇
理財已成為生活的一部分

Chapter **3** 基礎篇
理財不得不知的基礎學識

目錄

Chapter 4 規劃篇
架構穩固而長遠的財富基石

CONTENTS

Chapter 5 不動產篇
成家的起始

Chapter 6 股票篇
殺戮戰場

目錄

Chapter 7 基金篇
賺進全世界的錢

Chapter 8 保險篇
一輩子的守候

Chapter 9 信託篇
讓你的財富更安全

Chapter 10 固定收益篇
富裕人士的最愛

Chapter 11 社會責任篇
財富、幸福與社會責任

開啟致富之路，財富人生之鑰

　　觀念是「開啟致富之路，財富人生之鑰」；有錢人的想法跟你不一樣。觀念與態度，決定你的一生！正確的理財觀，將會開啟你的致富之門。

　　據統計，全世界95%的財富，掌握在5%的人手中，如果將這些財富平均分配給所有的人，經過5年之後，95%的財富，仍將由5%的人掌握。

TOPIC 1 想致富，需先有創富的思維

要致富必須先改寫你的大腦程式，也就是「觀念的改變」。不是個人的天資聰明與否，也不是上一代留下了多少的財富，而是你有沒有「創富的思維」。

$ 窮人與富人有何不同？

其實，窮人之所以貧窮，他缺少的並不是錢，而是缺少成為富人的思維，同時他根本就不相信自己會成為富人。有句話讀者都不陌生：「只有無法改變的窮腦袋，沒有無法改變的窮口袋！」這告訴我們一個觀念，請永遠記住：「想致富，需先有致富的思維」。

例如：「富人創造無窮的機會」；「窮人尋找僅有的機會」。

富人說：「財富是屬於你的，也是屬於我的，但最終還是屬於我的，因為我就是一個富人」；窮人說：「我曾經沒有錢，我也曾經有過很多錢，但到最後我還是沒有錢，因為

我就是一個窮人」。

💲 心態塑造你的未來

華倫・巴菲特（Warren E. Buffett）說：「心態塑造你自己的未來，如果心態是貧窮的，將來將一無所有，如果心態是富裕的，夢想將如願以償。」

美國著名的專欄作家查理・庫金說：「成就偉業的機會，不會像急流般的尼加拉大瀑布那樣傾瀉而下，而是緩慢地一點一滴蓄積而成。」

💲 富人的特質

1. 內化富人心態，複製富人成功模式為自己的模式。
2. 樂在工作，樂於學習，並在工作崗位上全力以赴。
3. 熱愛金錢，努力累積第一桶金，積極學習投資理財。
4. 關心與事業有關的訊息，所有活動都與事業發展有關。
5. 將複雜事情簡單化，凡事聚焦，累積能量，等待機會。
6. 作時間的主人，重視時間管理，把握成為富人的機會。
7. 設定具體目標，將財富數字化，自我要求，全力達成。
8. 具有意志力、行動力與貫徹執行力，並能持之以恆。

💲 小故事分享

日本三洋公司創始人井植薰（Kaoru Iue），十四歲的時候進入松下電器公司當學徒。他的志向是成為像松下幸之

助那樣的企業家，並且願意為這個志向辛苦付出。白天，他
認真地做好自己的工作，任勞任怨，一絲不苟。晚上或是休
假日，其他學徒在吃喝玩樂的時候，他到附近的學校充實知
識，為將來的出人頭地努力準備著。由於他的工作業績和個
人特質都優於其他人，十九歲的時候就被任命為廠長，並且
逐漸晉升到製造部長的位子。後來，他與自己的兩位兄長合
夥，創辦今日名聞天下的三洋公司。

智富筆記

- 樂觀進取，讓你富有；悲觀消沈，讓你貧窮。
- 窮人與富人的差別，關鍵在於有沒有創富的思
  維。
- 心態塑造你的未來。

開啟財商（財富商數）的能力

事實正是如此，富人一旦制定人生目標，就會不斷的累積成功資源，一點一滴，一步一步腳踏實地向目標邁進。

如果你問周邊富人他們的致富之道，每一個人都有不同的答案，有人儲蓄致富；有人投資房地產、珠寶、古董致富；也有人從事股票、基金、保險操作致富；有人中六合彩致富，有人賭博致富，五花八門，不一而是。

但是這些人有人成功過，有失敗過。唯一不變的定律是——開啟財商（財富商數）的能力。這些成功者都有共通的特質，不一定有好的家世，也不一定有高學歷，只要有「開啟財商能力」，即便在各行各業都能擁有成功的因子。

$ 財商能力如何開啟？要花多少時間？

需要幼稚園3年、小學6年、國高中6年、大學4年，合計共19年教育的時間嗎？答案當然不是！19年的教育，不一定能讓我們有致富的能力。那麼短期的教育行嗎？其實這與教育

時間的長短無關，僅是觀念的問題。

$ 觀念的改變，是在瞬間

　　觀念的改變是一瞬間的，譬如對於一個事件的發生，你可以選擇追究、報復或選擇原諒，但很可能一瞬間你的觀念的轉變，就使得結論完全不同。而影響你觀念的，很可能是你周邊的人、你周邊的一本書、一句名言……，而影響你一生理念的，很可能就是此時此刻你與周邊夥伴相互激盪的感受，以及當下所採取的行動。

$ 觀念的改變，就在此刻

　　賺錢是一種人人可學的技巧，通往財富之路的第一道關卡，就是開啟財商能力。開啟財商，僅是觀念的問題，而觀念的改變，也許就在此刻！

智富筆記

- 過去是一張廢票，未來是一張期票，當下，是現金。
- 我們要活在當下，把握生活的每一瞬間。

TOPIC 3 理財觀念之門

芝麻開門，芝麻開門，門不打開，永遠沒有機會。國父說：「思想產生信仰，信仰產生力量。吾心信其可行，則移山填海之難，終有成功之日；吾心信其不可行，則反掌折枝之易，亦無收效之期也。心之為用大矣哉！夫心也者，萬事之本源也。」說明了觀念的改變在於心態，當你的心態接受了改變，思想才能化為行動，行動才能產生力量。

$ 很多人說我又沒有錢，為什麼要理財？

是這樣子嗎？理財新觀念：無財可理，更需要會理財；有財可理，如沒學會理財，有錢也有可能理成沒錢。理財並不是富人的權利，每個人都能在自己的收入範圍內進行理財。

$ 理財的目的是什麼呢？

就是保值、增值，簡單的說就是增加自己的購買力，能夠在物價上漲的同時，不影響自己手裡的鈔票與所能夠買的東西

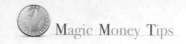

的數量和品質，這就是保值。那增值呢？就是能夠買更多的東西。

💲 理財觀念，要因應社會環境改變

因時代背景的不同，理財觀念也要隨趨勢改變，不能固守舊思維，以前的觀念會認為有土斯有財，喜歡擁有不動產，但現在的已開發國家卻視不動產為毒蛇猛獸，為什麼呢？因為時代背景已經不同了，2008年的金融海嘯，讓所有的國家、所有的投資者上了寶貴的一課。因信用擴張導致不動產的泡沫，像日本、美國都付出了慘痛的代價，現時的中國、台灣亦記取教訓，擔心發生泡沫化抑制不動產的飆漲，這就是社會環境在改變。

智富筆記

- 理財不是富人的權利，每個人都能在自己的收入範圍內進行理財。
- 窮人缺的不是錢，而是富人的思維。

術業有專攻，要尊重專業，善用專業

法 律的問題，交給律師；健康的問題，交給醫師；財稅會計的問題，交給會計師；投資理財的問題，交給「全方位的投資理財顧問師」。

現實環境，並不容許你冒險。你的前半輩子，可能在自己的專業領域中游刃有餘，但是否同時也能對非擅長領域的事業抱有嘗試的夢想？也許現實環境並不容許你如此冒險的舉動。

💲 在這社會上，比我們會賺錢的人一定存在

我們不必再籌組一家台積電與張忠謀競爭，我們不必再開一家宏達電、聯發科、康師傅、Apple……我們只要尊重專業，投資他們，借力使力，站在巨人的肩膀上，分享他們經營成果，就可以看到全世界，賺進全世界的錢。

💲 要分清楚「真專業」還是「假專業」

很多投資朋友誤以為理專、保險業務員、證券業務員等，

都是投資理財顧問。事實上，在銀行或投顧公司上班，不代表他有足夠能力協助客戶做好投資理財規劃，投資理財的問題應找「全方位的投資理財顧問師」。

當然投資朋友也要具備判斷的能力，很多的問題來自於投資朋友將理專當成唯一的依靠，缺乏判斷的能力，只單方面聽信理專的建議。就如同看病，不能掛錯科，找錯醫師，若將實習醫生錯當資深名醫，豈能不慎！

💲 找「真正」有經驗的專業人士協助

成功的投資，要有正確穩當的想法及做法，如果自己不是很懂，就請諮詢專業人士。一般人沒有學習過正確穩當的投資方法，就拿著僅有的存款盲目投資，就像是沒有受過訓練的阿兵哥空手上戰場打仗，悲慘結果可想而知。

智富筆記

- 專業分工，借力使力，成就不必在我。
- 機會和運氣是來自奮鬥與努力，不是憑空而降。

貧賤夫妻百世哀,錢是英雄膽,再也沒有什麼比陷入貧窮,更讓個人和社會害怕的了。

💲 飢寒起盜心,為財賭生命

貧窮,容易讓善良的人犯罪,並讓犯罪的人走向毀滅,這就是所謂的「飢寒起盜心,為財賭生命」。然而,貧窮並非正常的狀態,任何一個擁有健康和進取意志的人,都可能輕易地擺脫貧窮。

💲 金錢,推動社會進步

資本主義社會的興起帶來了民主與繁榮,經濟財富能力已成為衡量個人地位或國家競爭力的標準,在這個社會裡可以看到很多人既做大事又賺大錢。猶太籍金融鉅子摩根(Morgan)說:「推動社會進步的不是政治,也不是法律,而是金錢!」

$ 運用理財，有效累積財富

　　大約在西元前四二五年，古希臘歷史學家修昔底德
（Thucydides）就曾說過：「對任何人來說，公開承認自
己貧窮並不可恥；不做任何努力以擺脫貧窮，才是真正的可
恥。」懂得「理財」，可以有效地累積財富，擺脫貧困。

智富筆記

- 窮人的目標往往只是空想、妄想，不會真正成為目標。
- 一個人有錢沒錢與「學歷」無關，與「智商」無關，而是決定於「財商」。
- 開啟財富商數大門，你就可以成為有錢人。
- 選擇比努力重要；觀念與態度，決定你的一生。

TOPIC 6

不能讓貪婪投機的壞細胞滋長

人類的貪婪慾望與揮霍金錢的投機遊戲，是歷史上不曾消失的金融戲碼，例如：囤積紅標米酒、搶購公益彩券與股票炒作，使其飆漲，這三者之間有什麼共通點？這些熱潮的驅使，都指向人心的「貪婪」與「投機」，只妄想著一夜致富，但往往回頭一看，終究是場空。

💲 拒絕貪婪與投機的誘惑

不能讓貪婪、投機成為我們的習慣。貪婪、投機如同癌細胞，會吞噬我們財富的蓄積。從十七世紀荷蘭共和國炒作黑色鬱金香，到八〇年代日本的泡沫經濟、九〇年代亞洲金融風暴，直至前幾年的金融大海嘯。資本主義的發展史儼然是一部投機史，多少的傷痛還在，豈能不慎！

💲 投機無法營造永恆的財富

名人連戰的致富哲學：「將股票、房地產都當作不動產，

持之以恆」。說明了用時間等待，賺進時間財，才是致富的關鍵。在股票、房地產的投資過程中，有多少人是真正在做投資呢？大部分的人都是在短線進出賺差價。是買賣，是短利，是投機貪婪的誘惑。投機贏一時，不能贏一世。對於一位貪婪的投機者而言，贏是偶然，輸是必然。

智富筆記

- 富人重視時間財，窮人重視時機財。
- 富人認為時間就是金錢；窮人卻常嘆：「時機歹歹」。
- 富人爭取時間，窮人在殺時間。
- 富人思維敏銳、判斷準確；窮人不會思考。
- 窮人不僅不會思考「富人為何成為富人」，更不會思考「自己為何會變成窮人」。

TOPIC 7

聚焦才能得分，單純才有力量

如果一個人可以活到一百歲，他一生所擁有的時間，大約為三萬六千五百天。請不要小看這一分一秒，他們雖然零碎渺小，但是若能像存錢一樣一點一滴地累積下來，也能聚沙成塔。

💲 掌控時間，作時間的主人

只有充分掌握自己的時間並妥善加以運用的人，才能真正成為時間的主人，扣除睡覺、吃飯、刷牙、洗臉等等，剩下的時間到底還有多少呢？算一算竟然不到一半！時間多麼的珍貴，千金難買寸光陰，請規劃好自己的年度計劃表。

掌控時間，作時間的主人，同一時間避免過度分配給太多的人，做太多的事。例如約會準時很重要，我們身邊常有這樣的人，人太好，但與人約會時沒有一次準時。這方答應，那方也答應，讓自己很疲憊，到最後生活也變得非常沒有品質。

$ 善用「減法」，把時間的「主導權」拿回來

碰到瞎忙的人，我就告訴他，要學會判斷，當你事情做不完的時候，先找重點做，凡事須聚焦，聚焦才能得分，單純才有力量，目標明確才能產生最大的價值。

舉個例子，一棵樹要長得高壯，我們都知道，一定要修整枝葉，不需要的剪掉。就像要吃到一顆甜美的蘋果，果農於5月蜜蜂完成授粉後，6到7月將不要的花摘去，3至5朵花只留一個果，其他的果實摘掉不要，這樣才能種出又大又甜美的蘋果。

$ 為什麼會有80／20效率法則

我們必須要善用20%的時間，去完成80%的事情，但是有些人卻要花80%的時間，才能得到20%的效益，當你能節省那80%的時間，那就贏啦！千萬不要毫無效益的身兼數職，忙碌煩躁。否則將越窮越忙，越忙越窮。日本經濟學家門倉貴史（Takashi Kadokura）寫了一本探討日本「窮忙族」的書，引起廣泛迴響。所謂的「窮忙」指的是儘管終日辛苦忙碌，卻還是揮不去貧窮的陰影。

國立中央大學的李誠教授也曾對1980年至2005年間，台灣25歲到64歲勞工的工時和薪資做研究，發現男性時薪在前10%的「富人組」，每週工時近25年來減少了8小時，時薪則增加接近到820元。但男性時薪在最後10%的「窮人族」，每週工時不減反增，時薪才約80元；女性勞工的趨勢也相似。可見在經濟劇烈變遷下，台灣也存在著貧窮階級分化與窮忙的問題。

TOPIC
8
薪資、定存 無法讓你致富

只有窮人才會只看薪資收入，滿心記掛，這個月能賺多少錢，下個月要賺多少錢。

$ 靠薪資，就能安心退休？

很多人從20歲工作到65歲，整整45年的時間，都在「有做有錢，沒做沒錢」的工作裡浮沉。為了讓身上有點錢，盡量節流，看到路上有人在發免費的廣告面紙，就趕快去拿，最好還來回拿兩次，聽到汽油要漲價，就趕快去排隊，就算要排兩個小時也無所謂。

為什麼呢？因為薪資族沒有穩定的「持續性收入」，就算年薪百萬，但不工作就沒有收入，只能說是高收入的窮人。所以光靠薪資，不但難以致富，亦無法讓我們安心退休。

$ 存款可致富嗎？答案是很難、很難！

定存風險100%你相信嗎？假設銀行定存利率1%，若以

單利計，100萬要增值至200萬，所需時間要100年；若以複利計，100萬增值至200萬，所需時間亦需72年。試問人生有幾個72年啊！更何況，現今銀行的定存實質利率為負，是負利率（輸給通膨）。也就是說把錢存在銀行，愈存錢就愈少，所以說你熟悉的定存風險是100%，錢存銀行，實質購買力將會逐年縮水。

投資理財相當重要的「72法則」

100萬要增值至200萬需多久時間？

項目	定存（單利）	定存（複利）	存至200萬所需時間
100萬	1%		100年
100萬		1%	72年

「72法則」是一個簡單的複利計算公式，也就是本金增加一倍所需時間。如上表：假設本金100萬元，利率1%，要增值至200萬需多久時間？如採單利計算，需要100年；如採複利計算，需要72年，其計算式為：72÷1=72年。如利率6%，需要12年（72÷6=12）；如利率8%，則需要9年（72÷8=9）。所以要靠錢存銀行利率1%想致富，根本就是緣木求魚！

TOPIC **9**

選擇比努力重要

要選對方向、目標與工具。一旦做錯了選擇，再怎麼努力也無法超越那個選擇的格局。有時，因為選擇錯誤，越努力反而離成功越遠。所以選擇一個對的方向是非常重要的，如果方向錯了，那麼所有的努力只是為錯誤做準備。

$ 賺錢有時候是一種選擇，而不僅僅是努力

富人之所以能夠成功，基本上來說是因為他們有很多的選擇是對的。如果審視一下你周遭的富人，會發現窮人與富人的能力差距，並不像他們的財富差距那麼大，所以財富的差距，除了來自於觀念外，另一個影響的因素就是「選擇」，要選對方向、目標與工具。

$ 努力，不一定等於成功

以股票操作而言，富人選擇長期投資股票，窮人選擇短線買賣股票；一樣是股票，兩種操作模式，截然不同。選擇長

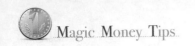

期投資，只要研究好基本面，分散持有績優股，就能輕鬆的分享企業家經營的成果；如果選擇短線買賣股票，天天聽解盤分析，將會忙碌異常，徒勞無功，事倍功半。

💲 做錯選擇，下場大多很慘

根據統計，短線進出，最後的結論80%～90%都是輸家。筆者與許多證券界的朋友都發現，凡是拿退休金到證券公司開戶，用來短線進出股票者，雖然天天很努力做功課，但是到頭來，下場大多很慘！

智富筆記

- 賺錢有時候是一種選擇，而不僅僅是努力。
- 富人之所以能夠成功，基本上是因為他們有很多的選擇是對的。
- 我們所處的環境很重要，我們所結交的朋友也很重要，因為他們都會影響我們所做的選擇。
- 俗語說：「人跟人走，鬼跟鬼走」，所有錯誤的選擇，責任都在自己。

TOPIC
10
掌握趨勢與習性

歷史的經驗顯示，趨勢會傾向持續進行，因此順著趨勢持續發展的方向進行操作，雖不是必然，但成功的機會應是最高的。說穿了，趨勢就只是一種連續的概念，因而才有「趨勢不容易形成，趨勢一旦形成，就不容易改變」的說法。

💲 習慣不容易養成，一但養成，就不容易改變

在日常生活中，習慣無所不在，而每個人也或多或少擁有某些習慣，這些我們習以為常，且根本不在意的習慣，往往成為在緊要關頭決定成敗的重要關鍵。

拿破崙（Napoleon Bonaparte）曾說過：「成功或失敗都源於一個人所養成的習慣。」可見得想要成功，端看一個人是否擁有良好的習慣。有些人做每件事都能選定目標，全力以赴；有些人則習慣隨波逐流，凡事碰運氣。不論你是哪一種人，習慣一旦養成，往往很難在一時之間加以改變。因為，習慣是思維的框架，它會驅策著你，按照它的模式去運作。因此

習慣的好壞，很容易就會影響一生的行事作為與個人榮辱或家庭興衰，投資理財亦是。

💲 窮人習慣放棄；富人習慣找方法

窮人很少想到如何去賺錢、該如何才能賺到錢，認為自己一輩子就該這樣，不相信會有什麼改變；富人骨子裡就深信自己生下來，就不是要做窮人，而是要做富人，他有強烈的賺錢意識，這也是他血液裡的意志，他會想盡一切辦法來致富。思維造就了他們的習慣。

💲 窮人習慣向環境妥協

一個富人送給窮人一頭牛，窮人滿懷希望開始奮鬥，可是牛要吃草，人要吃飯，日子難過。於是窮人把牛賣了，買了幾隻羊，吃了一隻，剩下的用來生小羊，可小羊遲遲沒有生出來，日子又艱困了。窮人把羊賣了，買了雞，想讓雞生蛋賺錢維生，但是日子並沒有改變，最後窮人把雞也殺了，窮人的理想徹底崩潰了，這就是窮人的習慣。

💲 富人習慣想辦法克服困難

以上述小羊故事言，富人會想辦法克服困難，讓牛換來的幾隻羊生出更多的小羊，培養成為大羊群再吃，富人願意等待，不會輕易地把羊吃了或賣掉。

看不懂的事、聽不懂的事或明知不對的事，永遠不能做；追求短利的人、不誠信的人、只顧自己利益的人，你永遠不必等。

💲 明知是錯的事，不要去做

　　例如投機的事（這支股票一定飆漲，因有內線消息）、太貪（金光黨詐騙集團運用人性弱點，如給予高利）、一夜致富（簽樂透聽信明牌孤注一擲）、高風險、不合理報酬、短線投機買賣股票、期貨、外匯等波動性商品，或投資做生意、合夥開公司、年輕人太早創業、自行開店等。

💲 要做對的事情，且要把事情做對

　　做對的事情指的是一些原則。例如：朋友找你做生意、合夥開公司，因欠缺專業、欠缺資金，又欠缺協助你的人……俗話說「十項缺九項」，還要做嗎？切記，我們不需在失敗中找

經驗。

$ 跟錯人，做錯事，老師變老「輸」

跟錯人，做錯事。據報載西門町2009年9月22日出現一幅巨大的廣告，「老師變老『輸』」，股民大廣告控訴於台北鬧區，指控股市名嘴某某，讓他入會炒股票慘賠數千萬元，另以各種名義欺騙散戶的錢，呼籲受害者組自救會。投資人不服輸，從A老輸又轉到B老輸，再轉C老輸一再地週而復始，最終還是死路一條，所以覺悟吧！徹底離開投顧老輸，俗話說：「替人數鈔票還被笑是凱子！」

$ 華倫‧巴菲特的箴言

投資理財大師華倫‧巴菲特曾說過：「投資者並不需要做對很多事情，重要的是要能不犯重大的過錯。」

智富筆記

• 富人與窮人的財富差距，來自於「觀念」外，另一個重要影響的因素就是「選擇」，要選對方向、目標與工具。
• 身邊的朋友、一本書、一句話，都會影響我們的選擇。

TOPIC
12

解讀專家
不能說的秘密

有些「專家」，說的一口理財經，但是不會理財。有些專家，是「專」門騙人「家」。Sales也自稱專家，但他們只說好聽的銷售話術；營業員賺手續費，銀行理專賣連動債、賣基金，要投資人不斷轉換，賺手續費，不肖保險業務員要客戶不斷解約轉單，才有新業績……常說：我們家有比他們家更棒的產品，這就是我們認為的專家嗎？佛曰：「不可說也」，有些專家與投資者的利益是相互衝突的，豈能不慎？

💲 是雷曼連動債害慘投資人的嗎？

回顧2008年9月16日，各銀行理專、財富顧問與壽險公司電話都接到手軟，投資人第一句話問的就是：「幫我檢查，我的投資有沒有雷曼兄弟的（連動債）投資？」

雷曼兄弟是台灣連動債產品最大發行機構之一，不少民眾都是拿退休金、存款，透過保險公司的業務員、銀行的理專去購買。金管會公佈，雷曼連動債在台銷售給一般民眾的金額

大約台幣四百億元，投資人數多達數萬人；銀行財富管理部門客戶（銀行銷售雷曼連動債給一般民眾）也買了約四百億元部位，合計國內雷曼兄弟風暴，受害金額高達八百億元。

$ 為何你的利益和許多專家相衝突？

「銀行理專」為求賺錢不擇手段，未充分揭露投資條件，當初銀行代銷雷曼連動債，有的是以「保本保息」為號召，造成投資人上門來要錢，這樣的損失，銀行該如何解決？「保險業務員」為了業績，不實銷售，造成保戶的損失，亦時有所聞。「證券營業員」為了股票買賣手續費，鼓勵投資人換股操作，短線買進賣出，投資人賠了夫人又折兵，這就是專家嗎？

$ 受害者比比皆是

實例：據報載王太太，43歲，先生車禍過世後，便獨自扶養剛上高中、國中的兩個小孩，收入微薄，節儉度日。因聽信銀行理專的話，現在低利率又高通膨，不如買基金儲備小孩的教育費，於是在2007年景氣最好的時候，將先生的保險理賠金及積蓄800萬全拿去買基金，不料遇上金融海嘯，基金大虧500多萬，現已無法負擔孩子的教育費，且無儲蓄可動用，生活困窘。

$ 低俗的行銷話術

實例：有次，筆者到銀行滙款，巧遇銀行理專在向一位婦人行銷基金。理專說：「我向您介紹一檔很抗跌的基金，別

檔都跌20%～30%，我們這檔才跌12％」。婦人疑惑的說：
「存定存1％我都嫌少了，你居然跟我介紹-12％的產品！」接
下來的話術，更是勁爆。理專說：「捧場一下嘛！我們要做業
績，您是我們的好客戶……」。真是無言！

小辭典 🔍

何謂連動債券
（Structured Note）

通指銀行銷售，以外幣計價的結構型債券。
一般先購買一個債券，把此債券的部分本金及利
息，再投資利率、股票、指數、匯率、期貨、選
擇權等商品，依連結標的的表現，來決定投資人
的收益率。

連動債券屬於衍生性金融商品，可分為保
本、部分保本、不保本。主管機關規定連動債只
能賣給機關投資人或高資產客戶。

小心理財的陷阱

在投資前,一定要「先問風險,再問報酬」,如果你不管風險,風險就管定你了。市面上產品,無奇不有,18%、24%、36%,保息不保本、有條件保本、投資型保單,許多不為人知的條件隱藏在背後,標榜保本保息,誰來履約保證?請小心理財的陷阱。

$ 陷阱一:回報率迷思。

結構性理財商品年收益達15%以上,小心高收益陷阱,結構性理財產品同時具備較高風險,與其較高收益率的特性,投資結構性理財產品前必須要了解其產品內容及運作機制、及其收益結構和掛鈎標的,避免投資失誤。

$ 陷阱二:手續費迷思。

善用信用卡理財,小心手續費陷阱,雖然循環信用的年利率,依據金管會的規定必須採差別利率,但最低也有8%左

右，最高卻可達20%。而且一旦動用循環信用後，以後的每筆消費都會一併滾入循環，等於是付高利，借錢來買東西，相當不划算。尤其，在已經是分期付款的狀態下，就更不能滾入循環，不然合計高達30%以上的年利率，會壓得你喘不過氣來。

💲 陷阱三：委託他人理財，失敗案例時有所聞。

實例：A女士看到身邊不少人都從股市中賺到了錢，不免也動了心。但不懂股票的她把半輩子的積蓄600萬元，全部委託了自己的好朋友B先生，因為B先生有近十年的投資股票經驗，A女士很放心。並且，A女士和B先生還簽訂了一個協議，雙方約定：若有盈餘，雙方平分，若有虧損，由B先生負責彌補損失，委託期限為一年，一年後的答案往往是操作不利輸光了。委託理財最常用也最行得通的管道是親戚朋友介紹，然而事實上，一旦與親戚朋友扯上利益關係，尤其是大資金的利益關係，不光是原來熟識的關係泡湯，搞不好還要對簿公堂，何必呢！

💲 陷阱四：小心財經新聞或媒體的誤導。

為何要小心財經新聞或媒體的誤導？媒體負責報「新」聞，而非報「益」聞，新奇的東西不一定對人有益，還可能有大害。媒體常看表面，所以景氣轉衰時，只注意到外表的好消息；景氣好轉時，只注意到外表的壞消息。所以看新聞不如直接看指數K線或指標走勢。媒體不必對投資人的虧損與痛苦負

責，若以這種廉價的資訊做決策是很危險的。媒體態度偏樂觀
（像是啦啦隊），因公開報導不宜唱衰，故意訪問名人來證明
樂觀的觀點，而看空者卻不受其青睞。

陷阱五：盡信專家預測，不如無預測。

為什麼我們說預測會殺人，因為你想用現在來預測未來，
而未來的變化是一個恐怖的未知數，無數的期待，都可能化為
無數的利刃與傷害。如同矇著眼，只憑著想像就亂跑，那麼撞
得鼻青臉腫是免不了的。抱著預測投資，猶如抱著炸彈，豈能
不慎！

實例：不少人押寶2008年大選結束後的兩岸題材、京奧
熱潮及美國總統大選，以為這是百年難得一見的大行情，結
果這所謂的「大行情」真的「殺很大」，讓店頭指數從160
點（2008年5月），暴跌到剩53點（2008年11月），然而就
在大家哀鴻遍野時，真正的大行情出現了，才短短半年，店
頭指數「恬恬吃三碗公」，到2009年5月大漲到112點（漲幅
111%）！試問，這樣的行情你預測到了嗎？投資者真正的禍
源，並非價格下跌或崩盤，而是誤導的資訊、迷惑的市況錯覺
與危險的想法和做法。

穩定而規律的投資

人生的第一桶金很重要，很多人都說我沒有錢，學投資理財有什麼用？但是錢是要靠一塊錢一塊錢，慢慢地一點一滴累積出來的。

$ 沒錢的人要先學會，如何存到第一桶金

從來不說我沒錢，學投資理財有什麼用。切記！人生的第一桶金很重要，因為你沒有第一桶金，哪來第二桶金，財富的蓄積，要腳踏實地的一步一腳印。

$ 勿任意改變行進方向與速度，勿輕易停下腳步

華倫・巴菲特有一句名言：「人類財富的累積，要用中等的速度前進，然後要持之以恆。」就如同人在賽跑時，不能一下就把力氣用盡，需要慢慢的、穩健的，一步一腳印的往前，只要方向正確，人生就像在跑馬拉松一樣，需要有穩定前進的步伐，才能持久作戰。

理財的專家
在哪裡？

很多投資者都不知道，很多理專也不懂，問銀行經理也不
見得清楚，問證券公司的業務員只會股票，問保險業務
員只會談保險，那麼真正的理財專家在哪裡？

因為學校沒有教這些實務課程，因此請教一些理專，問到
的人卻只會賣自家的產品，我們真正需要的理財專家「全方位
理財規劃顧問」究竟要去哪裡找？

💲 為何說股票市場沒有專家，只有贏家與輸家

在股票市場我們操作贏就叫做贏家，操作輸就是輸家，其
實很多專家都教我們賭機運，所以專家教我們的結果，就只有
贏家和輸家，賭對了是贏，賭錯了是輸，如此而已。

💲 真正的專家在哪裡

其實真正的專家確實是存在的，只是我們認知的專家，大
部分都在狹隘的領域內，而國內較缺乏真正的「全方位理財規

劃顧問」。

理財規劃顧問，可以提供專業諮詢的顧問服務

　　理財規劃顧問，應該像醫學領域的家醫科一樣，能先幫我們做全方位的檢視，針對我們的財務狀況，找出我們的病因，依個別需要來規劃。

全方位的理財顧問，需要具備全方位規劃能力

　　由於目前台灣的金融市場市值，占全世界不到2%，而我們可用的工具和金融商品，相較於國際是貧乏的。加上分析師、會計師各有他們的專業領域，理專、銀行員、保險員、營業員、分析師、名嘴、主筆、會計師、教授……你認為哪位是專家？術業有專攻，今天要成為一位「全方位的理財顧問師」，絕對需要具備專業的全方位規劃能力。

勿將專科醫生當成是全科醫生

　　我們看病時，常會把專科醫生當成是全科醫生，以為外面掛個醫生招牌，應該就什麼都會，事實是如此嗎？據報載，一般診所常有誤診或用藥錯誤等問題，等問題發生了，再轉送大醫院處理，這也就是為什麼大醫院名醫這麼難掛號。但是名醫也是有分科的，千萬不要搞錯科、掛錯號。

Chapter 2 / 需求篇

理財已成為生活的一部分

　　本篇是理財的引路，因為如果沒有理財的需求，就不會有求知的慾望……。人們為何會有理財的需求？不理財不行嗎？其實，理財已成為我們生活的一部分。身處現今社會，一定要理財，非理不可。

我們面對了前所未有的環境

6 0至70年代，台灣金融界一年期定存平均利率為10%以上的兩位數。當時只要有一桶金存在銀行，就可以輕易地度過退休後的晚年生活；但現今社會，我們面對的是相當嚴峻的環境：

1. 低利率時代的來臨，利息已無法支應生活所需。

2. 油價、原物料不斷上漲，通貨膨脹不斷升高。

3. 求職不易，養兒防老的時代已經成為過去。

4. 國人平均壽命延長，工作所得已不足以應付退休生活所需。

5. 社會福利不足，退休金無法解決退休後的種種問題。

6. 其他理財需求，諸如：分散風險、節稅規劃、財富傳承等，都與我們生活息息相關。

綜此，理財已成為現代人生活的一部分，每個人都須及早做好退休理財規劃，才能享受財富人生。

低利率與通膨，
已是現今社會的常態

低利率時代的來臨，定存名目利率約僅1～1.5%，長期通膨平均約3.5%，實質利率為「負2～2.5%」，這些將會侵蝕我們的老本。

　　90年代，世界經濟存在著兩種結構性的現象——產能過剩及資金過剩，導致利率長期處於低檔趨勢。民國64年的12%，79年的9%，90年的2%，98年的1%，利率逐年下降。

銀行業牌告利率(一年期存款)

—— 銀行業牌告利率(一年期存款)

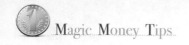

定存利率1%的意義，就是用一年後的101萬元，買現在的100萬元，你願意嗎？定存利率1%（複利），成長一倍所需時間要72年！等到我們退休終老時，國人平均壽齡約可超過80歲、90歲以上，亦即退休後，我們至少還須面對30年的退休生活。

當今台灣社會存在著為數不少靠定存利息退休的老人，由於利率銳減，無法用利息繳養老院月費，只好動用本金。但是又怕花完了，子女會怨，沒人照顧，還想要留給孫子念大學，又某家要辦喜事、喪事，要包紅白包，這是他們一生的積蓄……就這樣，慘澹的過著他們年老的歲月。

智富筆記

- 績效%是致富關鍵之一，每年獲利×8%獲利的人，經過36年，他累積的財富是2%獲利的人的8倍，而不是4倍。
- 想要有獲利的倍增效果，每年皆須有正報酬。

TOPIC 3 養兒防老的時代 已成過去

「失業」與「低不就」是常見情況，大學生畢業代表著失業的開始。在高失業率下，下一代求職不易，現在的大學生畢業就代表著要面臨失業，工作難尋，造成高不成低不就的現象。

台灣已進入已開發國家程度，在不需大量的勞動力之下，技術密集、資本密集、工作機會越來越難尋，加上企業要生存更要精簡人力。台灣的現象是一堆大學畢業生，人才、學歷、經歷都在貶值，再加上企業主因員工福利、退休金、勞健保費用成本提高，未來只留住核心員工，其他則縮減成本只僱用臨時人員或委外。

實例一：某大公司經理被資遣，為了尊嚴，為了房貸，為了生活，只得開計程車慢慢還貸款。

實例二：某化妝品行銷副理，出國四年後回來，37歲做行銷，已嫌太老，只能做臨時總機，檔案管理。

實例三：曾經叱吒職棒球場的棒球球員黃平洋、李居明中

年失業，都曾彎下腰來從事餐飲業，為未來開路，「有時，你不得不平凡」。

智富筆記

- 在M型社會，如無法站上大邊，勢必會被擠到小邊。
- 下一代求職不易，養兒防老的時代已成為過去。
- 今日不做，明日必將付出更大的代價。
- 不想老來生活苦來等，當下，你應該開始做退休規劃。
- 理財已成為現代人生活的一部分，每個人都需及早做好退休規劃，才能享受財富人生。

TOPIC **4**　工作所得，不足以應付退休生活所需

老人越來越多，彼得・杜拉克（Peter Ferdinand Drucker）預言：「未來的人必須工作到75歲」，台灣已成世界生育率最低國家之一，生育率節節下降，行政院經濟建設委員會預計99（2010）年人口成長率2%，109（2020）年人口成長率是0.4%，119（2030）年人口成長率是-1.6%，129（2040）年人口成長率是-5.1%，139（2050）年人口成長率是-8.9%，149（2060）年人口成長率是-11.6%。這現象將導致台灣小孩越來越少，二十年後老人人數將超越小孩。

年　　　度	人口成長率	老年人占人口比率
99（2010）年	2%	10.63%（約245萬7,648人）
109（2020）年	0.4%	
119（2030）年	-1.6%	20%（2033年）
129（2040）年	-5.1%	
139（2050）年	-8.9%	
149（2060）年	-11.6%	

　　而台灣人口老化速度是世界屬一屬二，預估100年（2011）老人占10%，122年（2033）達20%，12年前的《天下雜誌》報導就指出，當年台灣平均每10個工作人口撫養一個老人；到89（2000）年時，會減少到8.3個年輕人撫養一個老人；到139（2050）年時，可能是每2到3個年輕人撫養一個老人，這是多大的社會與家庭負擔！而當每個人的壽命愈來愈長，同時代表個人的工作年限必須要延長，不然就要及早為退休做準備，否則將來的年輕人根本無力撫養老人。

　　今日的日本，六十多歲的老人養八、九十歲的老人父母已是常態，發生了不少社會悲劇。而這正是還有時間預備未來的台灣人，可以引以為鑑並預做準備的。

　　人口為國家構成的基本要素之一，人口素質及結構的變化則為決定國家國力強弱與國勢消長的重要關鍵。

　　由於人口數的變動主要受出生、死亡及遷徙之影響，且往往需歷經數十年或數個世代才得以顯現其重大變化，因此世界各國皆以未來50年左右作為推估期間。

　　台灣人口老化嚴重，98年底止，我國戶籍登記人口之65歲以上老人計有245萬7,648人，占總人口10.63％，老化指數65.05％，均呈持續增加之現象。隨著高齡人口的增加，對於老人長期照顧及安養機構就養之需求亦隨之增加，國人平均壽命延長，辛苦工作所得已不足以應付退休生活所需。

台灣人平均餘命表：（內政部）

項 目	男性（歲）	女性（歲）
98（2009）年	75.88	82.46
96（2007）年	75.46	81.72
94（2005）年	74.5	80.8

　　假若以平均餘命80歲言，我們退休後的生活至少還有20至30年。以每個月生活費5萬元計，至少需準備1,200萬至1,800萬元，才夠應付我們日常生活的開銷；假若不用到本金，全數運用銀行利息過生活，那我們必須有一筆6,000萬元的定存（每月才有5萬元的利息），才有資格退休！

智富筆記

- 愈早做好理財規劃，愈能享受財富倍增的好處。
- 重視時間財，可以活越久領越多。
- 一個人的幸福與否，決定於退休後的生活品質。

退休金無法解決
退休後的種種問題

依賴現今社會福利制度，只靠勞退、公司發的退休金、國民年金是無法養老的，正確觀念是──退休金的準備要替代所得的70%才夠。也就是說除了「社會保險」、「企業退休金」，不足的部分請做好「個人準備退休理財規劃」。而在人類愈來愈長壽的同時，中年失業的現象也愈來愈顯著；同樣的，在撫養老人的壓力愈來愈重的同時，卻有愈來愈多年輕人成為父母的「寄生族」。

　　二十年後，甚至未來會更加養不起孩子及老人。誰在剝奪你的未來？你又該如何因應？另有很多跡象顯示，中國人幾千年根深蒂固的養兒防老觀念逐漸崩解，從居住到財務，老人都在慢慢走向獨立自主。因此，不管已婚未婚、有沒有子女、正在什麼年齡層，所有人都應該提早規劃，為退休生活做準備。如無及早做好理財規劃，我們遲早會面臨一個「養不起的未來」。

💲 退休準備要愈早開始存，複利效果才大

假設每年報酬率8%，要存到800萬元退休金為例：

投資時間	存10年	存20年	存25年
每月投入金額（元）	43,728	13,581	8,411
累積總投資金額（元）	5,347,360	3,259,440	2,523,300

💲 退休準備最重要的是賺「時間財」

退休準備最重要的是賺「時間財」，要長期且規律地投資，時間愈長，錢滾錢效果才會愈明顯。若一直挑選買賣點、只能賺「機會財」，且無法維持長久。常常在退休準備半途迷路的人，可以把錢放在一個獨立帳戶裡，與其他短期投資的錢做區隔，或把存款簿或印章讓另一半保管，讓自己無法輕易挪動。

💲 退休準備只靠勞退、社會保險提供仍不足

以35歲的上班族王小姐為例，目前月薪3萬5,000元，假設未來每年調薪3%，工作25年後於60歲退休，屆時月薪約為7萬3,000元。假設勞退新制退休金僅由雇主提撥6%，退休基金年報酬率為3%時，退休後每月約可領7,300元，再加計勞保年金每月約1萬7,000元，合計每月可領的退休金只有24300元，換算每月所得（原為7萬3,000元）替代率僅約33%，僅達理想的所得替代率70%的4成7。

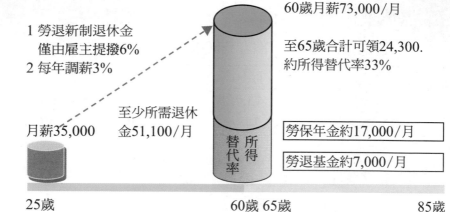

1 勞退新制退休金
　僅由雇主提撥6%
2 每年調薪3%

60歲月薪73,000/月

至65歲合計可領24,300.
約所得替代率33%

月薪35,000

至少所需退休
金51,100/月

所得替代率

勞保年金約17,000/月

勞退基金約7,000/月

25歲　　　　　　　　　60歲 65歲　　　　　　85歲

💲 大部分的人的退休準備，還是需要第三支柱

從上面的案例可以看出，大部分的人想要退休，還是需要靠第三支柱的「個人準備退休理財規劃」，才能夠讓退休生活沒有缺口。

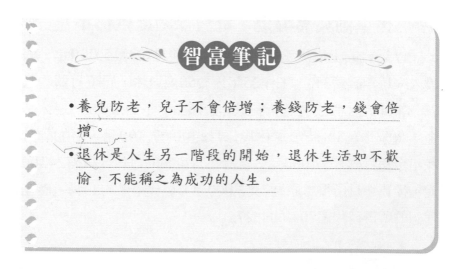

智富筆記

• 養兒防老，兒子不會倍增；養錢防老，錢會倍增。
• 退休是人生另一階段的開始，退休生活如不歡愉，不能稱之為成功的人生。

TOPIC 6

要有「分散風險」的危機意識

在投資理財路上，若要避免風險吃掉我們所有的努力，就要做到投資風險控管，要有危機意識去避免災難發生，而不只是要讓錢賺到最大。就如同一台電腦一定要有好的防火牆與防毒軟體，就像開車除了會踩油門之外，也要隨時檢查煞車系統是否正常。

風險分散不是說切成幾等分、放在不同的地方就是風險分散，而是你投資的標的物要分散，地點要分散，更重要的是你的時間要分散，所謂的分散就是要規避掉「系統性風險」，所謂的「系統性風險」就是指當風險發生時，我們所投資的金融商品，都會曝露在同一風險下之意。

長期的資金用於中長期投資，短期的資金就擺在可以隨時變現的地方；而有些是絕對不能輸的，有些可以容許一點點風險，這樣就會形成一種資產配置。

有關「系統性風險」的實例：據報載張先生39歲，之前在股市賺了一百多萬，因而對股市充滿信心，並看好2008年

新政府與北京舉辦奧運行情，遂將自住房屋拿去抵押貸款，湊足1,000萬，以信用交易融資的方式買股。跌到維持率後，又借信貸300萬加碼投入，最後仍不敵「金融海嘯」發生。如此，全數投資在股票碰到「金融海嘯」時，使得所有投資標的都受到傷害，當大盤狂跌，最後慘遭斷頭，1,300萬輸到只剩300多萬，價值800萬的房屋被迫法拍，家人無屋可住，夫妻失和離婚，這就是碰到「系統性風險」的後果。

- 風險的分散，要做到投資時間的分散；投資標的物與地點的分散。
- 追求績效，有如一部車子的油門；安全控管，有如一部車的剎車裝置。需相互為用，才能安全上路。

TOPIC

7

年輕時靠體力賺錢，
中年以後要靠錢賺錢

人兩隻腳，靠體力賺錢要拼得很辛苦，還只能養家餬口。
很多人年輕時就像一隻勤勞的松鼠，繞著圓鐵籠一直
跑，沒有休止的時候，每天賺錢、吃掉，繼續賺錢又吃掉，何
時能跳出松鼠的宿命，那就要有很大的改變。

隨著年紀愈來愈大，體力愈來愈差，賺錢能力愈來愈弱，
花錢能力愈來愈強，在年輕時若能及早累積一桶金，對將來非
常有幫助。

當我們做好財務規劃，到了中年以後，就會碰到「黃金交
叉」，靠錢賺錢而沒有做好理財規劃的人，到了中年就像碰到
「死亡交叉」一樣，收益曲線是向下滑落的，到最後會變成被
遺棄的人，成為社會的負擔，豈能不慎！

安心讓錢為你工作，做「金錢」的主人，想想，不想上
班或不能上班時的退休金要怎麼籌措？近幾年來，「退休金管
理」一直是個人理財的核心話題。人們總希望在年輕時賺夠
錢，年老時可以不必工作，「人兩隻腳，錢四隻腳」，我們

追錢追得那麼辛苦，目標何在？無非希望後半輩子不再為錢煩惱，甚至反過來讓錢為我們工作，讓錢來追我們，由我們來做「金錢」的主人。

錢是四隻腳，靠錢賺錢是八隻腳、十六隻腳；若找到對的工具對的人，是三十二隻腳，甚至是六十四隻腳，賺的是「時間財」、是「倍增財」，既輕鬆又跑得快。

智富筆記

- 靠勞力賺錢是算數級數；靠錢賺錢是幾何級數。
- 勞力付出有時窮；用錢滾錢、利滾利將永無盡期。
- 人口老齡化，加上出生率下降，我們面對著養不起的未來。
- 做好自我退休規劃，勿到年紀大時，成為社會的負擔。
- 瑞典格言說：「我們老得太快，卻聰明得太遲。」
- 真正成功致富的人士，絕對不是「只問耕耘、不問收獲」的人，而是「設定目標、努力耕耘」的人，設定目標要具體，例如「投資報酬率」需為正值，且需達一定%以上。

小辭典 🔍

黃金交叉與死亡交叉

凡兩條統計線圖相互交叉之後，狀況好轉者稱黃金交叉，狀況轉壞者稱為死亡交叉。

當理財收入大於工作收入時，稱為黃金交叉，此時即便是退休後收入減少，或無收入，但長期的理財效果已顯現，可享財富自由人生！

何謂系統性風險？
如何避開系統性風險？

『系統性風險』涵蓋了市場風險、信用風險及流動性風險之特性，為一不斷演變並相互催化的動態過程，影響範疇包含整個貨幣市場、金融體系甚至全球經濟體。

擅用投資理財規劃及資產配置，是避開系統性風險的不二法門。

要有財富傳承，富傳三代的準備

「富不過三代」是古人留下來給後代人的警言。「窮出富小子；富出窮小子」，更道盡了財富傳承，如無適當的規劃是很難做到的。

現今社會，低利率、高通膨，加上大學生畢業求職不易，以一個社會新鮮人而言，要累積人生的第一桶金，誠屬不易！但財富如何才能富傳三代？

香港藝人沈殿霞因肝癌病逝，留下約新台幣四億元遺產給愛女鄭欣宜，據香港媒體報導，沈殿霞係設立信託，將名下資產轉以信託基金方式運作；美國知名企業家族如杜邦、甘迺迪及洛克斐勒等，均是以遺囑信託方式，來安排家族資產分配及傳承，以達到資產永續及遺族照顧等目的。

遺囑信託跟傳統上立遺囑移轉財產不同。遺囑信託可以確定財產可按立遺囑人的意願去做後續管理，例如：陳先生留給小孩800萬元，可以跟信託銀行事先簽訂信託契約，要小孩考上大學，才能拿200萬元，要結婚，才能再拿300萬元，要生

一個小孩，才能拿剩下的300萬元。

　　信託和傳統移轉財產法律意義並不相同。一般遺囑，通常800萬移轉到小孩名下後，因財產所有權人已經從陳先生變成小孩，很難規範陳家小孩以後要怎麼用這800萬元。

　　我們歷經農業時代，進入工業時代，現在又邁入資訊時代，現在畢業的學生，一出社會馬上面臨失業。為人父母者，就要給他們基本的養育與教育，當然未來的生活，不一定要讓他們相當富裕，但是也不能造成社會的負擔，所以我們也有照顧他們基本生活的義務。

　　21世紀進入新的思維，我們除了要安養上一代，還得為未來的子孫，預留一份基本的生活費用，這時就要做好理財規劃，一個好的財務工程，才能替我們創造一個幸福的人生！

智富筆記

- 人無遠慮，必有近憂；有水當思無水之苦。
- 不孝有三，無後為大。在養不起未來的年代，「無後」已成為社會的常態。新版的「無後」可解釋為事業要「後」繼有人；財富要「後」繼有人。事業要傳承，財富也要傳承。
- 人老了須退休；人愈年長，愈需用到錢，快快養錢防老吧！

Chapter *3* 基礎篇

理財不得不知的基礎學識

　　理財必須具備的基礎學識包括：總體經濟、貨幣金融、財報分析等在投資理財領域的運用。本篇之筆觸，採深入淺出，以實務化、生活化的方式描述，即使讀者非商學領域，亦能淺顯易懂。

TOPIC 1 景氣循環、景氣燈號與投資策略

景氣循環代表國家總體經濟活動的波動；景氣燈號係行政院經建會編製之景氣對策信號，用以提供政府採取因應措施之參考。投資者可充分運用這兩個總體經濟指標，做為擬訂投資策略之參考。

$ 一、景氣循環

景氣循環有其週期性，就像春夏秋冬四季一樣循環更替。「景氣循環投資法」是以景氣循環的角度作為投資理論基礎，掌握市場的訊息，觀察景氣變化，可以在他人尚未察覺之前，便能夠掌握景氣的轉換先機，隨時站在景氣循環起伏的起始點。

景氣循環代表國家總體經濟活動的波動，每一個循環由衰退期經復甦期，開始成長期，最後達到繁榮期高峰；再由緊縮、衰退至谷底。這樣連續的變動會週而復始但不定期的發生，持續期間由1年以上到10年不等。

景氣發展循環圖

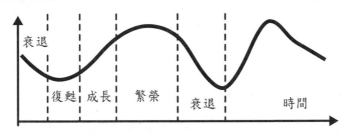

　　台灣自光復以來，出現12次明顯的景氣循環，歷次景氣循環的日期，根據行政院經建會所認定的基準日期，採用國內重要的總體經濟指標，歸結出台灣所出現的景氣循環。如下表，例如第十次景氣循環的起點在民國87年12月，高峰在民國89年9月，回落至於谷底，則在民國90年9月。

景氣循環	景氣谷底 日期（年.月.）	景氣高峰 日期（年.月.）	景氣谷底 日期（年.月.）
第1次循環	43.11	44.11	45.9
第2次循環	45.9	53.9	55.1
第3次循環	55.1	57.8	58.1
第4次循環	58.1	63.2	64.2
第5次循環	64.2	69.1	72.2
第6次循環	72.2	73.5	74.8
第7次循環	74.8	78.5	79.8
第8次循環	79.8	84.2	85.3
第9次循環	85.3	86.12	87.12
第10次循環	87.12	89.9	90.9
第11次循環	90.9	92.12	94.2
第12次循環	94.2	96.10	98.1

二、景氣循環投資法：根據景氣燈號，作為投資的依據。

1.衰退期

(1) 當景氣循環的相關經濟數據和歷年比較，處在相對低點，各項數據都一直下滑，景氣燈號由「黃紅燈」轉為「黃藍燈」，則表示景氣欠佳。

(2) 於衰退的初期，應立即停止大筆資產的投入，或者是使用定期定額的基金投資扣款，保守因應。衰退初期適合進場或者轉換為順向型策略投資，包括保本型金融商品，例如：低風險的固定收益商品或債券型基金、貨幣型基金、避險基金等。

(3) 於衰退的末期，宜根據當時的國際經濟情勢與經濟數據來判斷未來全球的發展趨勢。另依據經濟數據所做的市場研判，於衰退速度開始明顯減緩後，可酌量分批進入市場，且依據手中自有資金部位，規劃在每期期間進場。衰退末期適合進場為：定時定額區域型股票基金、定時定額產業型的股票基金。

2.復甦期

(1) 當景氣循環的相關各項經濟數據和歷年比較，各項數據都處在相對低點一段時間，不再惡化，甚至有好轉傾向，顯示景氣循環已觸底，展望未來景氣將逐漸復甦，此時是投資的最佳時機。

(2) 復甦期的初期，若景氣與經濟數據顯示的狀態仍然相當的弱勢，但是投資標的的價格以及股市指數在技術型態上若有呈現落底的態勢，則可開始分批進場股票型基金。參考新興市場與成熟市場作為投資標的，標的物的選擇非本章的重點先不闡述。若在未來價格走勢沒有持續破底的狀態下，有技術型態上所說的W底，或者是來回測底部價格低點時，則可以將準備好的資金，加碼進場。

(3) 復甦期的末期，這個階段緊接未來景氣進入擴張，因此這時的經濟數據都會開始呈現翻揚的現象，此時可再次加碼未來展望不錯的區域型股票基金，或者是產業型股票基金，以利景氣開始擴張時，享有產業帶來的營收與獲利。

3.成長期

(1) 意指當國內景氣循環向下變動機率已變小，並且各項數據都在緩步回穩中。例如失業率下降、成長率爬升等。

(2) 建議當景氣自谷底翻升，邁向復甦時的投資策略規劃方向，應提高「投資預期報酬率及風險容忍度」，增加亞洲地區新興市場的投資比重，相對降低成熟市場國家的投資。在投資工具上要重視資產配置，適時掌握景氣擴張的獲利空間。

(3) 成長期的確認，在於各項經濟數據絕大部分都呈現正向的發展，若有在衰退期以及復甦期有定期定額扣款的投

資人,在這個時期已經享有獲利的酬勞,而此時已獲利良多的投資可以逐漸做停利調節。

4.繁榮期

(1) 當國內景氣循環向上變動機率已變小,並且各項指數都在景氣高點,要注意各項指數是否上升或下滑,提早因應。

(2) 建議當景氣已達繁榮期,宜應保守並重視資產配置及資產的安全性,適時掌握景氣擴張的獲利空間,調整股票型基金的投資比重。

(3) 這個時期景氣成長已進入趨緩的狀態,但由於生活中難以觀察出景氣未來有反轉的趨勢,所以必須觀察總體經濟數據,以做為判斷的依據。若有景氣成長趨緩的現象發生,在操作策略上,則須將獲利已達滿足點之金融商品逐漸賣出,將資金停泊在低風險、波動較小的債券基金或固定收益金融商品等上。

三、景氣循環與景氣燈號之關係

目前經建會所編製的「台灣景氣指標」包括三部分:景氣對策信號、景氣動向指標以及產業景氣調查。

「景氣對策信號」的主要目的在於藉燈號以提示應採取的景氣對策,並綜合判斷未來的景氣循環與是否將進入成長期或衰退期,而預先發出信號,以供決策當局擬定景氣對策之參考,企業界亦可根據信號的變化,調整經營方針;投資者亦可依此擬訂投資計畫。

1.燈號代表之意義

經建會編製之景氣對策信號，係供政府採取因應措施之參考，依綜合判斷分數可分為下列五種燈號：

1. 「綠燈」：表示當時的景氣穩定。

2. 「紅燈」：表示景氣過熱，政府宜採取緊縮措施，使景氣逐漸恢復正常狀況。

3. 「藍燈」：表示景氣衰退，政府須採取刺激景氣復甦對策。

4. 「黃紅燈」：表示景氣活絡。

5. 「黃藍燈」：表示景氣欠佳。

4、5二者均為注意性燈號，政府均宜密切注意其後續之景氣動向，而適時採取因應措施。

2.綜合判斷分數

剎車（紅燈）：45-38分，注意（黃紅燈）：37-32分，安全（綠燈）：31-23分，注意（黃藍燈）：22-17分，加速（藍燈）：16-9分

$ 四、「景氣對策信號」投資法

根據台灣歷年來的資料，經過20年長期追蹤景氣對策信號研究顯示，台灣股市可以根據「景氣對策信號」找出最佳長期投資時機，例如當景氣對策信號分數滑落到16分之下，就要準備進場；接近32分時則要留意出場時機。

下圖：景氣對策信號與歷年股價指數最高與最低之關聯圖

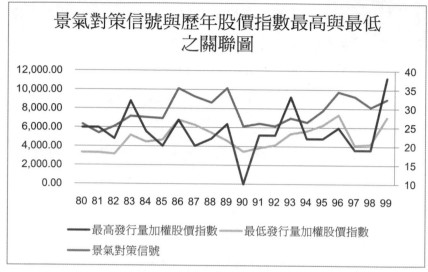

景氣對策信號與歷年股價指數最高與最低之關聯圖

圖例：最高發行量加權股價指數　最低發行量加權股價指數　景氣對策信號

一般人以為景氣對策信號的升降很緩慢，這樣的買點及賣點可能都要等很久？其實也不會，例如自82年8月開始，總共有7個循環的買賣點，而每一次賣出之後，最長約2年、最短約8個月就可以看到買進點的出現。

智富筆記

- 等待，有時比瞎忙還重要。所謂無招勝有招，兵法有云：「瞄不準不打，看不到不打」。
- 善用官方統計數字，學會自我判讀，不要一味跟著市場派人士起舞。

GDP稱為國內生產毛額（Gross Domestic Product），是一個國家用來衡量一國國內的經濟成長指標，也是許多投資者最常用來評量區域投資標的的指標之一。

$ 一、GDP的組成因子

而GDP既然為衡量一個國家的經濟成長指標，則其內容的組成方式也就相形重要。

GDP的計算公式： $\boxed{GDP = C + I + G + (X\text{-}M)}$

C 為消費：意即一國國內所有消費的總額。

I 為投資：用於固定資產的資本性投資。

G 為政府支出：政府用於公共建設或者各部會的支出預算。

（X-M）為出口淨額：一國的出口總額扣除一國的進口總額。

C、I、G、(X-M) 皆稱之為GDP的組成因子。

GDP的統計數據，是用於觀測一個國家在區域內的經濟

活動與生產總額，用以評量國內的經濟狀態，此項數據亦可用於投資理財。

　　一般投資大眾在投資金融商品的時候，大多數都沒有一個明確的判斷準則，而一般的狀況都是銀行的理專拿著公司所製作好的產品DM，對客人進行解說，但是投資大眾卻對國際經濟情勢，沒有太多的判斷能力，即使是一檔很棒的金融商品，也可能因為進場時點的不對，套牢在高檔上。於是大眾容易在資訊不足的情況下，一窩蜂的買下銀行推薦的金融商品。

　　由於GDP能夠用來衡量一國的經濟成長，所以運用其過去的歷史經濟數據，將有助於我們對投資環境的判斷與了解。

$ 二、GDP成長率

　　由於GDP能夠用來衡量一國的經濟成長，故參考其過去的歷史經濟數據，將有助於我們對歷史狀況的了解。

項　目	最高（發行量加權）股價指數	最低（發行量加權）股價指數	GDP經濟成長%
80年	6,305.22	3,316.26	7.88
81年	5,391.63	3,327.67	7.56
82年	6,070.56	3,135.56	6.73
83年	7,183.75	5,194.63	7.59
84年	7,051.49	4,503.37	6.38
85年	6,982.81	4,690.22	5.54
86年	10,116.84	6,802.35	5.48
87年	9,277.09	6,251.38	3.47
88年	8,608.91	5,474.79	5.97

89年	10,202.20	4,614.63	5.80
90年	6,104.24	3,446.26	-1.65
91年	6,462.30	3,850.04	5.26
92年	6,142.32	4,139.50	3.67
93年	7,034.10	5,316.87	6.19
94年	6,575.53	5,632.97	4.70
95年	7,823.72	6,257.80	5.44
96年	9,809.88	7,344.56	5.98
97年	9,295.20	4,089.93	0.73
98年	8,188.11	4,242.61	-1.93
99年	8,972.50	7,071.67	10.82

資料來源：行政院主計處與經濟部統計處

　　上表格為近10年來台灣的GDP成長率的數值，如此表格可以大致透露出一些簡單的訊息。這個訊息告訴我們台灣的GDP每年的成長狀況，同時也指出經濟成長程度。

　　而表格的左方搭配了近10年來的台灣股價指數，原因在於我們一般投資人在衡量一個區域的投資參考時，很直覺的就會聯想到該國的股價指數，因為股價指數是由該國當中最具代表性的產業以及公司行號來作為指標，將這些產業及企業，用加權的方式計算出一個數值，此數值則為衡量一個國家當下的資本、經濟、以及政府產業政策的綜合性指標。

　　由於上方的兩個數值皆為測量經濟狀態的數值，而且都是產業的加總，因此將兩個數值繪成圖型如下圖：

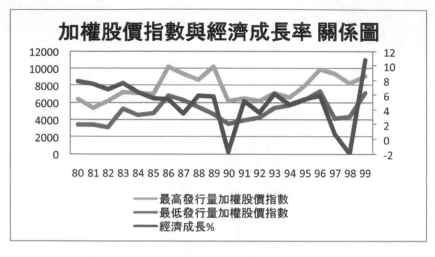

資料來源：行政院主計處與經濟部統計處

　　由於GDP是衡量一國的實質經濟產出，而股價指數則是反應一國的資本狀態，兩者都是用來衡量一國的經濟成長，從圖表中可看出兩者有極高的關聯性。

　　如果對比著看，大致上可以對比出兩個數值是走同向；但是GDP是在衡量一國的實質產出與消費來源，而股價指數則是反映該國主要產業的衡量數據。因每個年份有其發生的重大事件，進而影響金融與產業，此圖表則含括了該年度事件影響經濟層面後所得的結果。

$ 三、經濟成長率預估值，透露未來經濟新趨勢

　　2000（89）年後，美國網路科技泡沫化，導致許多的科技公司倒閉，造成產業崩盤，連帶拖累其他產業，因此全球都

陷入經濟成長修正的困境，使得GDP下滑，而谷底期則出現在2001（90）年。

2001（90）年美國本土發生了危害重大安全的「911」事件，導致資本市場的大幅下滑，此為非經濟利空因素導致經濟受創，但卻振興了部分製造業與營造業，此良性循環的乘數效果注入了全球經濟體，開始使得資本市場走穩。而在歷經經濟衰退的谷底，2002（91）年景氣出現逐漸恢復，GDP呈現走升的現象，股價指數也在打底過後呈現走升的狀態。

但在景氣準備回升的同時，2003（92）年則發生SARS的非經濟因素風暴，使得從「911」逐漸翻揚的股市與經濟基本面又再度地受到打擊，直接衝擊到國內消費，使得消費與投資頓時降到冰點，進而GDP成長受阻，資本市場再度下修。

2005（94）年由於全球在2000（89）年網路泡沫化後，全球在低利率的環境底下，保存了房地產最好的溫床，因此全球的資本流向不動產市場，使得成熟國家，如歐洲、美洲等各國的不動產在資金推升的情況下，營建業蓬勃發展，因此各國GDP呈現了走升，推升了全球匯率與股市。

全球各國在財富乘數效果的良性循環下，開始大膽消費，使得全球走一波大多頭。消費性等電子產品大行其道，使得亞洲許多出口代工電子產品導向的國家營收獲利上升，連帶台灣也受惠。電子業大行其道，GDP屢創新高，推升台灣股價指數到最高點9,800，直到2007（96）年次貸風暴開始醞釀，進而形成2008（97）年金融海嘯的發生，循環的前半段結束。

　　以上這些GDP的資料來源都可以在政府的公開網站上面查詢得到。這些是圖表後邊所發生的經濟與非經濟的事件，圖表無法紀錄歷史，但卻可以明確記錄著經濟循環的過程，也因此GDP影響股市的高度相關，都可以從圖表中觀察得知。

　　其實全球各國的國家都一樣，都在使用GDP來衡量該國經濟發展，只是其中的差異在於各項目之間的計算原則與計算方式有所不同。而且各個國家都是以每個年度達成經濟成長為目標，這中間政府能夠參與的部分像是：扶植產業、產業補貼、企業稅的減免、進出口的退稅政策、利率調整、貨幣的調整等。所以概括來說，GDP是一個供觀測與達成目的相當好的參考數值。

智富筆記

- 經濟成長率與股市興衰有極大的正相關，如預估未來經濟成長率佳，則股市較易出現榮景。
- 股市是反應未來的預期，而非經濟現今；股市是領先指標之一。

TOPIC
3

解讀利率與匯率

利率、匯率都是一國貨幣的價格，利率是貨幣的時間價格，而匯率是以他國貨幣表示的本國貨幣價格。所以利率與匯率是資金的兩個價格，因此利率的走勢，也是外匯市場的焦點。

$ 一、利率

利率是將貨幣借給他人使用的價格，利率會受到資金水位高低的影響，當資金供給減少時，需要取得資金者便要用比較高的利率，才能借得到錢；當資金供過於求時，利率價格便會下降。

中央銀行便常常利用貨幣供給額當作貨幣政策工具，隨時緊縮或放鬆市場資金，以便達到央行貨幣政策管制的目的。最常使用的方法，就是在市場中買進或賣出公債，以放寬或收縮金融市場的銀根，影響利率因而下跌或上升。

假設外資目前持有的貨幣利率是0.5%，新台幣的利率如

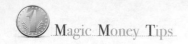
果是2%，那麼外資買入新台幣，光是利率就多了1.5%，當外資將資金轉換成台幣，就等於買進台幣，造成台幣的需求增加，因而推升台幣的匯率。

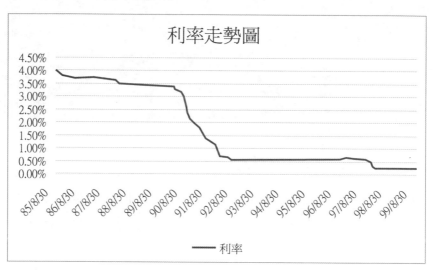

利率走勢圖

1、利率高低對國家經濟的影響很大

對一個國家來說，利率也代表著產業投資的成本，利率愈低，投資的成本低，則產業投資與經濟發展的推動力道也相對變大。在開放經濟之下，如果國內的利率較國際金融市場要低，資金就會流向海外，尋找更高的報酬，這時國內的投資未必會增加。

兩國間的利率水準不同時，會引起資金從利率報酬低處，流向利率報酬高處，國際間的資本流動多半是來自這個因素。日本因為經濟不振，利率長期處於低利率，所以向日本的銀行貸款，所需的資金成本就很低，投資機構向日本借了低成本的

資金，再拿到其他高利率的國家，就可以套取高額的利率差。

2、利率高低對個人的影響很大

　　央行也常直接提高或降低銀行周轉資金的利率，提高銀行資金成本，迫使銀行提高對客戶的放款利率，而帶動市場利率的變動。另外一個方法，就是提高銀行的「存款準備率」，以增加銀行吸收存款的成本。

　　當銀行的資金成本提高，一定會反映到消費者身上，對於一般的房貸借款人來說，利息增加代表每月還款的本息增加，如果薪水並沒有同等的增加，就表示薪資族應付的費用增加，可用餘額或存款就會減少，日子會越來越難過，成為利率提高的受害者。如果是依賴利息收入的退休族，利率提高，就表示收入增加一些，但能不能抵過通貨膨脹也不一定。

💲 二、匯率

　　匯率是兩國之間貨幣兌換的比率，因此當兩地間的物價與利率的差距出現時，商品與資金的流動就會帶動匯率的變化。一個國家經濟的強弱也會反映在其匯率上。從總體來看，匯率代表的是一個國家經濟的對外表現，就像一家公司，業績蒸蒸日上，獲利能力強者，股價自然較高；同樣的，經濟表現佳的國家匯率也會較為強勁。

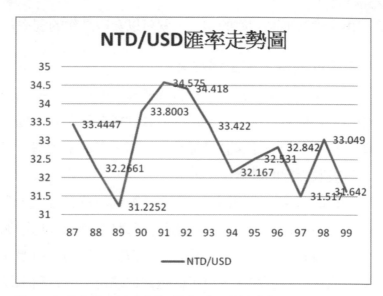

NTD/USD匯率走勢圖

註：上表各年度匯率為該年度平均匯率

　　當外資賣美金來換取新台幣，會使得新台幣的需求增加，美金需求減少，造成美金對新台幣貶值。因此如果新台幣的需求快速增加，中央銀行也不予干涉，將會使新台幣快速升值。升值的結果會打擊出口，造成出口下降。這麼一來台灣當地的就業機會就會減少，在人民所得減少的狀況下，容易造成經濟衰退，會有更嚴重的影響。

　　如果匯率可以自由波動，當台灣資金外流到美國時，台幣的匯率貶值，會使得匯出資金換成的美元減少。當台幣對美元的匯率從 NT$32：US$1貶至NT$35：US$1，則所能換成的美元減少。而如果大家都將資金匯回台灣，台幣面臨的就是升值壓力了。

1991年（80年）以來，台幣對美元匯率與加權股價指數（年平均）的關係，如下圖所示：

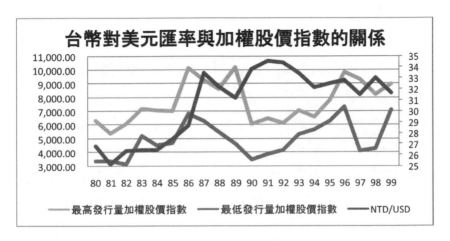

金融海嘯前後，國際主要貨幣美元、歐元、日圓都呈現大幅波動，金融海嘯過後，亞洲貨幣全面起漲，連帶影響台幣的走勢。

2009（98）年後至2010（99）年因歐美經濟的疲弱，全球熱錢擁入亞洲，使得亞洲各國貨幣全面起漲，也因此台幣由32元左右的價位升值到29元的區間，熱錢湧入的狀態下推升了台灣股市的指數，因此有些專家開始預測未來台幣有機會升值到25至28元的機會，但根據以往經驗顯示出：大多數人都會有順勢過度的預期，如依此作為投資理財之依據，失誤機率極高。

如果從國際的角度來觀察台幣，台幣說穿了只是地方貨幣，外資法人來亞洲講求配置，因此在亞洲貨幣的交易上，也

會觀察亞洲貨幣相對美元的動向，只要未來美國以及歐洲經濟開始呈現復甦的狀態，即有可能再將全球的匯率大洗三溫暖。

因此對於台幣的升幅，其實最主要的還是要觀察國際經濟未來發展的情勢，對於預測特定價位的到來，因為大多數人都會有過度的預期，樂觀時更樂觀，悲觀時更悲觀，失誤率頗高，毫無意義。

根據上圖，過去台幣歷史走勢，只要台幣升幅過大且急速，都將帶給台灣加權指數以及經濟發展相當大的壓力，尤其對於出口導向的產業影響最為重大。投資人應留意長線的發展，盡量減少做短線上的預測，因為在投資上稍有差錯，很有可能賠了夫人又折兵。

$ 三、利率與匯率的影響

假設資金從利率報酬低的國家（台灣）流向利率報酬高的國家（美國）時，如果匯率不變，則台灣的資金因外流而減少，利率價格因而提高；美國則因為資金流入，利率價格降低。最後，當兩國的利率水準相同時，資金流動也就停止。

如果從貨幣面來看，假設利率報酬低的國家（台灣）資金流向利率報酬高的國家（美國），必須要賣台幣，買美元。台幣的賣壓與美元的買壓，會使得台幣對美元匯率的貶值壓力增加。

譬如說，中央銀行以低利率政策，來促使匯率維持在較低的水準，以便降低出口價格，增加台灣產品的競爭力；同時也

提高進口成本，減少進口，使貿易順差增加。但是當進口價格上升，國內的物價就會受到進口價格上升的影響而提高售價，當國內的物價上漲時，生產出口的成本又會提高，台幣貶值帶來的優勢又抵銷了。

同樣的，當國內利率過低時，資金擁有者的報酬降低，國際利率如果高過台灣，國內資金就會往外流，使得國內的利率有上升的壓力。如果央行持續採寬鬆貨幣政策，結果可能是央行提供資金，讓投資者到國外去運用。若是央行不採取任何動作，則利率回升，資金回流，台幣的匯率也會回升。

智富筆記

• 利率就是使用資金的成本，一般而言低利率有利於股價的推升。

• 匯率上升初期，有助於熱錢流入，同時推升股價，但對於仰賴出口的國家，匯率持續上升，將會阻礙出口，從而影響GDP與股價。

CPI消費者物價指數 在投資理財之運用

TOPIC 4

CPI（Consumer Price Index）為消費者物價指數，是用來測量平均物價的水準。在我們一般的消費行為中，通常都會規劃每筆支出的用途，考慮購買商品的價格，這是我們了解消費價格模式的一種，但由於我們所拿到的金額為名目上的金額，實際購買的量會隨著年份的不同而改變，通常會逐漸的減少。

為什麼會有逐漸減少的現象呢？因為全球經濟在發展的過程中，隨著資源的稀少以及勞務的上漲，商品價格通常每隔一段時間就會調整，因此在名目收入不變的情況下，能夠購買的商品就會減少。

而且在區域經濟體中，商品是多元化的，每一種商品都對應一個價格，因此我們沒有辦法一一評量名目收入對每種商品的換算，況且這樣也很麻煩。因此我們有一個通用的平均數據來評量每個人的平均消費能力，這就是CPI最主要的用途。

以上都是針對消費用途來討論，但在於投資理財上，我

們要如何運用CPI呢？首先我們要針對CPI過去的走勢做個探討，以下面圖表為例，我們用實例說明。

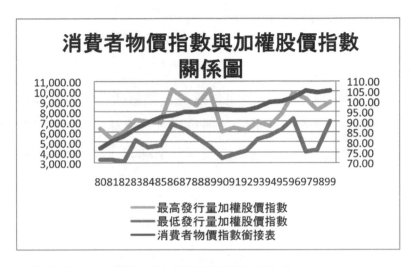

資料來源：行政院主計處與經濟部統計處

此圖表運用了過去台灣20年的資料，將台灣的CPI分為三部分來討論。

第一部分：89年以前

過去由於全球經濟蓬勃發展，加上歐美的消費商品所需的勞務價格逐年增加，所以CPI曾經處於3%左右的成長。但當時的亞洲地區，除了日本以外其他地區農業社會轉型工業社會，使得許多技術性的人才勞務相對於歐美人士便宜。

於是有許多的工廠遷移至亞洲，在廉價勞動力的條件之下，將全球的通膨吸收，再將成品運至世界各地平價販售。因

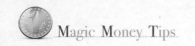

此在84年至86年的情形中,亞洲許多國家躍升為成長快速的新興國家,例如:亞洲四小龍、亞洲四小虎等國。此階段的CPI呈現逐年下降的趨勢。

第二部分:89年至97年

由於過去亞洲企業長期為歐美企業做代工,以及後續發展成亞洲成長企業,因此國民所得提升,全球由歐美的消費開始延伸至全球,新興市場的消費推升全球的通貨膨脹率,台灣CPI從0%推升至3%。

第三部分:97年後至今

2008(97)年金融海嘯之前,由於次貸以及雷曼事件的爆發,導致美元資產的釋出,因此推升全球的商品價格,連帶影響了全球通貨膨脹。但是由於在短時間內全球貨幣一面倒的釋出,加速了通膨的上升。如此,不但傷害到已經受傷的資本市場,更進而影響到消費市場,因此市場急速進入通縮的狀態。

全球為了避免停滯性通縮的疑慮,各國政府幾乎都同時的舉債進行景氣刺激方案。台灣也有財政部消費券的發放,因此台灣的CPI指數由-5%回穩至1%附近遊走。

其實由通膨來觀察就可以說明為什麼每個人投資都需要注意這個數據。未來全球人口持續增長,在資源有限的情況下,通膨預期未來至少仍會平穩的上升。為了避免現金被通膨吃掉,投資報酬率至少要每年能夠對抗通膨,這是基本條件。

TOPIC
5
認識「通膨」與「財富重分配」

台灣在民國1990（79）年，股票指數上衝到12,682點，隨後連續下挫，跌至2,000多點，中間跌了10,000點，那時我們稱為「股市泡沫」。究竟這些經濟泡沫是如何發生的？我們又要如何因應？

全球資源有限，當物資的需求量增加，而供給量不夠時，價格就會上漲。供給與需求的因素是互相影響的，例如消費者的偏好、供應商數量等。當市場的供需平衡時，價格就很穩定，但是當市場供需不平衡時，例如需求量增加時，供給量如果不足或維持一定，則均衡數量及價格也會跟著增加。

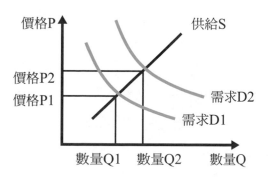

一、何謂通貨膨脹

通貨膨脹是指一般物品和勞務價格上升的現象。因貨幣數量增加或貨幣流動速度加快，使貨幣的總流通量相對增加，導致物價長期持續的上漲，使得幣值下跌的現象，稱為通貨膨脹。

消費物價指數：是量度一段時間內，購買一些指定家庭消費品及勞務的總支出的變動，消費物價指數亦可量度通貨膨脹率。

通貨膨脹率＝（本年的消費物價指數－上年度的消費物價指數／上年度物價指數）×100%

二、通貨膨脹發生的原因

記得在民國79（1990）年股市崩盤，所有人的財富一夕縮水，有些傾家蕩產，再也無法東山再起，有些人涉入股市不深，但是資產同樣受到損失。我們一定要了解和我們生活息息相關的訊息，才不會讓你的財富憑空消失！

每當物價波動時，報章雜誌常會出現這樣的字眼：「供需失調」或「供不應求」，顯然是產品的供給或需求有了不正常的狀況。通貨膨脹發生的原因，有下列五種：

1. 「需求拉動」通貨膨脹：商品及勞務的總需求大過總供給，會造成物價上揚。經濟學家認為，如果大家手上都有很多錢，就可能會競相出高價搶購商品，而造成物價上揚的現象。

2. 「成本推動」通貨膨脹：則是從供給面生產不足，或成本上揚來解釋通貨膨脹的成因。包括工資上揚，石油等原料價格上漲，以及企業壟斷等等，都會從供給面推動物價的上揚。

3. 「結構性」通貨膨脹：經濟學家認為產業發展不平衡、基礎設施不足等造成物價上揚的現象。

4. 「輸入性」通貨膨脹：在國際貿易盛行之下，來自國外的進口品，也會造成價格上漲。

5. 「預期心理」通貨膨脹：當物價上漲時，民眾如果預期物價會繼續漲上去，那麼他們將會搶購、囤積，而使物價上漲得更劇烈。因此，「通貨膨脹預期心理」也是通貨膨脹的重要成因之一。

$ 三、通貨膨脹與財富重分配

通膨發生時，有些原本該賺的錢，卻一下子泡沫化不見了，擁有房地產的人，會操作通膨的人，或是想辦法向銀行借貸到錢的人，反而變成債務人受惠，因此造成社會財富的重分配。

1、企業主因為商品價格調漲，收入會增加

在通貨膨脹期間，如果個人的所得跟隨增加，那麼通貨膨脹的損害則會相對減輕。例如，企業主因為商品價格調漲，收入增加，發生通貨膨脹對他反而有利。不過，這種好處不一定會持久。因為如果生產成本急速上揚，或者消費者購買力劇

降，企業利潤也會受到影響。

2、固定收入的人購買力降低

至於仰賴固定收入的人，例如薪水階級、靠社會福利金、退休金以及依賴固定利息過日子的人，在通貨膨脹期間購買力降低了，生活因此會受到影響。

3、擁有房地產的人財富會跟隨增值

通貨膨脹時，房地產價格會上揚；因此，擁有房地產的人財富會跟隨增值，但是沒有房地產的人則更加買不起房地產。

4、通貨膨脹會使債權人受損，但對債務人反而有利

債權人以現在的幣值將錢借出去，等到若干年後收回時，由於受到通貨膨脹的影響，其相同數量的貨幣購買力已大不如前，因此債權人成為通貨膨脹下的受害者；反之，債務人在通貨膨脹時期，成為受益的對象，因為在借款當時，貨幣的購買力較高，還款時的貨幣購買力較低。

因此，通貨膨脹會使某些人的所得及財富增加，但某些人的所得及財富則會減少，從而使全體國民的所得及財富進行了重分配。通常薪資收入且無自用住宅者，受通貨膨脹的影響最為嚴重。

💲 四、通貨膨脹發生，嚴重影響經濟成長

在通貨膨脹嚴重時，今天能買到一斤的米，明天可能只能買到半斤米。因此價格劇烈上漲，大家都開始囤積、惜售、搶

購貨品，或是購買不動產、黃金或外幣等，這些是不具生產性的用途商品。結果人民對貨幣的信心蕩然無存，生產事業缺乏資金，企業也不敢投資，於是整個社會都消耗在對抗或適應通貨膨脹上，嚴重影響經濟成長。

最害怕的是整個國家的經濟會面臨崩潰，政治、社會的不安定也伴隨而來。因此，通貨膨脹所帶來對社會的危害是不能等閒視之的。

智富筆記

- 在未來通貨膨脹將會是常態，通貨膨脹會影響財富重分配，使有些人更有錢，有些人更沒錢。
- 地球天候的異常變化，影響全球農作物收成欠佳，新興大國崛起，消費能力大增，農產品、原物料，長線仍將看漲。
- 通膨時期應減少現金部位的持有，轉換成為農產品原物料基金，才不致於在財富重分配當中，成為輸家。

TOPIC 6

投資市場動能——貨幣供給額M1b

貨幣供給額統計有M1a、M1b及M2。衡量投資市場動能，常用貨幣供給額M1b來表示，它的定義為：

M1b＝M1a（通貨淨額＋支票存款＋活期存款）＋活期儲蓄存款

在工業革命之後，全球進行工業化的速度飛快，近200年來，由於工業的發展與科技、金融的顯著進步，造就了現實社會上存在著資本階級、中產階級及勞工階級。在資本主義的影響之下，全球各國的人平均所得開始逐年上升，因此有了儲蓄以及儲蓄後所帶動的投資需求，且市場上的所有商品皆能夠透過金融化的模式進行投資，也因此全球的金融市場需要的是越來越多的資金進入，而由於投資的多元化，「貨幣供給額」M1b，就常被用來作為觀測投資市場動能的指標。

貨幣供給的數量如果能夠呈現緩步的正向成長，即能提供投資市場流動性。因此觀測全球各國的貨幣供給額，是為一個基本且相當值得注意的數據。

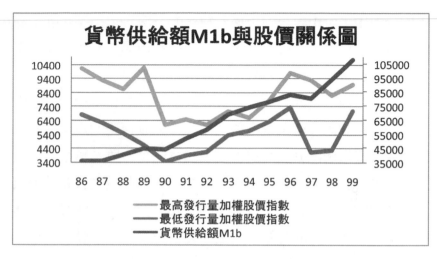

資料來源：行政院主計處與經濟部統計處

　　上圖，資料區間為86年開始至99年的資料區間。黑色的部分為台灣貨幣供給額的部分，簡稱M1b。

　　資金由86年的3.5兆的M1b增加至99年大約為10.7兆，15年間M1b的增長幅度為300%，年平均增長為10%以上。

　　台灣M1b的部分可以觀測到其趨勢為逐年的成長。表示台灣資金的部分其實游資充足，但是反觀台灣股市的部分，長年呈現一個大型的箱型區間。更為精確的說法為台灣股市因全球景氣的循環以及基本面的影響，因此漲跌互見，所以多是4,000～6,000點的漲幅及跌幅。

　　雖然M1b與股市的漲幅並無直接的絕對關係，但是M1b的活水確實地影響台灣股市。因此我們將探討其原因，為何資金充足，但股市卻不是呈現同向的走勢？

　　那是因為投資市場不是只有股市這個區塊，在全球投資市

場的分類中，股市是投資市場最特殊的一塊，但卻不是唯一一塊，其他的投資市場如：外匯市場、債券市場，其成交量以及能影響的資金量，都能超越全球股市的總和。

但在台灣，大部分的投資民眾所能選擇的相當稀少，也由於中小企業多以及產業鏈完整，所以大部分台灣的投資民眾特別關注股市這個部分。而這裡所要講述的是，雖然資金動能充足，但由於股市與債市有多空頭的循環，因此資金會有排擠效應。多頭的時候，也就是景氣好的時候，資金會一窩蜂地湧進股市；但是在空頭的時候，資金會轉往債市，所以股市長年來呈現上下震盪的狀態。

相對股市來說的債市，也有同樣的狀況，但是債市的波動程度並沒有股市頻率這麼頻繁。這也是為何投資市場上需要相當多的研究人才在研究景氣循環的部分。所以雖然M1b並沒有與股市直接相連，但卻是股市重要的後盾。

關於我們的個人投資理財，雖然要觀測M1b，但其實要搭配其他的總體經濟數據來觀測，例如：GDP、匯率、利率等。

GDP是產業的生產與消費的總和，也代表著與產業有關的重要總體經濟數據，因此搭配M1b來觀測，可以用來觀測股市指數的動向，可以藉此用來作為判斷景氣現象。

利率若是搭配M1b的數據，可以用來觀測資金的流向，若是CPI搭配M1b的數據，則可以了解資金對商品市場的動向及影響。

💲 台灣M1b三階段的變化

台灣M1b三階段的變化，簡易的分界點為86（1997）年與97（2008）年：

1.第一階段：為86（1997）年以前

86（1997）年為亞洲金融風暴的年份，在那段時間，整個亞洲的結構性調整相當地大。在1997年以前，台灣是以紡織、營建、金融、塑化、鋼鐵為幾個重要產業支撐，此段期間貨幣供給額呈現一個緩慢但持續增長的狀況。

2.第二階段：為86（1997）～97（2008）年

在此10年期間，M1b由4兆提升至8兆，同時台灣的產業有重大的轉變，這些年間台灣電子業如雨後春筍般的蓬勃發展，因此國內有許多的資金都投身在IPO的市場，許多電子公司趁勢上市、上櫃、興櫃、公開發行。因此此階段的M1b上漲幅度斜率有增加的態勢，表示增加的速度有加快的跡象，當然這與全球科技業的大幅進步有關。

3.第三階段：為97（2008）年以後

由於97（2008）年發生金融海嘯，使得全球都陷入流動性的危機，各國政府為提高流動性，於是進行大量舉債，但卻反而增加過多的貨幣在投資市場，此舉導致貨幣供給額大幅提升。97（2008）年以後的貨幣供給額斜率再度上揚，M1b由8兆台幣增加至11兆台幣，短短兩年間增加了3兆的M1b，這也

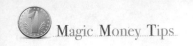
表示通貨膨脹即將來臨。而通貨膨脹，又將會成為各國政府另一個相當頭痛的問題。

智富筆記

- 貨幣供給額是總體經濟的動能，量化寬鬆政策，有利於股價的推升。金融海嘯之後，美國大印美鈔，增加貨幣供給，活絡了經濟與股市。
- 提高利率與存款準備率將會減少貨幣供給額，這都屬於政府的緊縮政策。當不景氣時，政府會採取量化寬鬆政策；當景氣過熱時，政府會採取緊縮政策。

央行的貨幣政策動向
與財政部的財政政策

各國政府為了活絡金融市場，讓大家以低廉的價格取得資金，最直接的做法就是降低利率，人人都可以輕易地貸款。政府這樣的作為，其實就是寬鬆貨幣政策之一。

當然政府在不同的經濟狀態，例如景氣成長期、通貨膨脹期、景氣衰退期等，都可以透過行政機關採用不同的財政政策，例如減稅、擴大政府支出，以及央行運用貨幣政策來充分掌握貨幣供給與利率的關係，讓社會處於一種穩定狀態，避免人民恐懼與驚慌。

$ 一、面對金融海嘯，政府的對應政策

2008（97）年底的金融海嘯，讓各國政府措手不及，各國政府為了挽救失衡的經濟，立即推出多項方案，而台灣政府，歸納推出下列政策：

（一）貨幣政策

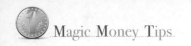

面對金融海嘯，政府的貨幣政策包括：降息、調降存款準備率、擴大附買回操作機制、穩定金融體系及股市、協助企業融資、擴充國家發展基金的功能與規模等。貨幣政策的主管單位為中央銀行。

（二）財政政策

面對金融海嘯，政府的財政政策包括：減稅、消費券、振興經濟擴大公共建設、推動六大新興產業等。財政政策的主管單位為財政部。

$ 二、失衡的政策，會造成更大的傷害

很多政策的推行，有其正面的效果，但也會同時造成一些傷害，目前台灣面臨的狀況可歸納為下列數點：

（一）高外匯存底

由於台灣的出口旺盛，造就台灣具備很高的外匯存底，經濟呈現一片榮景。相對的，由於我們有很多台幣，資金相當寬鬆，讓大家都很容易借錢，這也會促使台灣需面對通貨膨脹的隱憂。

（二）高風險的股市

民間游資多，無處宣洩，轉而購買股票，造成股市大漲，但實質公司股價不一定有檯面上的價值，這將會造成股市泡沫化。

（三）房價的漲幅遠遠超過薪資所得的成長

民間游資多，加上建商的不斷炒作，各地地王的標售價被刻意的喊高；各種題材的炒作，例如捷運通車、三鐵共構、自然景觀、歐洲城堡等，將房價炒高到一般民眾根本無法購買的地步。

$ 三、要小心金融情勢的變化

美國量化寬鬆政策加上國際熱錢流入，推升了房價與股價。但是一般民眾的薪資卻無法隨之調整，加上台灣逐漸步入老年化社會，新生兒的出生率低，這都意味著在不久的將來，我們每個人的實質購買力，將無法繼續支撐高房價。

智富筆記

- 如果我們一開始就不被套牢，何須解套？
- 財政政策較溫和，效果較慢，但相對的副作用亦較小；貨幣政策較激烈，速度較快，但相對的副作用也較大。

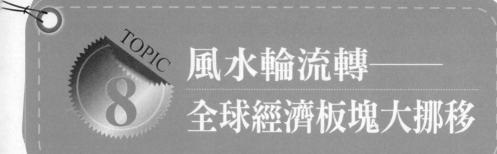

風水輪流轉──全球經濟板塊大挪移

世紀的強權興盛，從15～16世紀──西班牙、葡萄牙；17～18世紀──荷蘭；18～19世紀──英國，這些強權國家先後相繼活躍於全世界，而全球的經濟體因為國力的強盛及相對各國的經濟盛衰，經濟板塊不斷地變化，從歐洲一路移轉到20世紀的美洲國家，例如美國、加拿大等國。

一、新經濟大國的崛起

近年來開發中國家的總體經濟實力大幅提升，主要動力是來自於中國、俄羅斯、巴西、印度金磚四國的崛起，以及東歐共產主義國家的瓦解等。

這些國家陸續改革，將原有的經濟隔離撤消，轉而投入全球貿易體系，藉由大量引進西方資本及管理技術，使得原本略顯呆滯的勞動力活化，藉由不斷生產成本低廉的產品，開始搶占全球市場。

金融風暴後，工業國家溫和復甦，新興國家卻強勁成長。

且因為人口眾多、內需市場商機旺盛，全球資金不斷往金磚四國或新興亞洲流入。去年全球政府力挽狂瀾，避免經濟體崩盤，雖目前市場逐漸復原，但為避免經濟二次衰退，仍有部分地區，其金融市場仍有賴低利率，使得經濟體有充沛資金的流動。不過也因為資金的持續寬鬆政策，將有引發新一輪的通貨膨脹的隱憂。

二、新經濟體：東協十加三

東協十國包括：1.印尼、2.泰國、3.新加坡、4.菲律賓、5.馬來西亞、6.汶萊、7.越南、8.寮國、9.緬甸、10.柬埔寨。東協十加三另包括：中國、日本、韓國。

中國於1996年成為東協的夥伴，與日本、韓國一樣透過「東協十加三會議」，達到全面免稅的目標。為達到2010年中國東協自由貿易區物流零關稅的目標，雙方決定自2005年開始，針對部分貨品開始協商免稅，再逐漸擴大到2010年全面免稅。

就長遠來看，亞洲區域經濟自由貿易區的形成，對大陸、日本、韓國和東協都是有利的，例如印尼出產的油氣產品、原料；馬來西亞的棕櫚油；越南和泰國的稻米，都能在零關稅下以更低廉的價格行銷大陸，而大陸的成衣等初級製造業產品，也能順利拓展東協市場。

東亞國家體認此一區域需要有如歐盟（EU）及北美自由貿易集團（NAFTA）等實力相等的合作機制。「中日韓」自

由貿易區，將是完成東亞的最後一塊拼圖，中日韓三國間的貿易量，占全球經濟的百分之二十，並且是東亞整體區域貿易量的百分之七十。三國已對經濟板塊的移動及國際金融具有相當的影響力，也將為全球經濟帶來很大的影響。

20世紀，美國是強權國家。21世紀開始，世界的重心逐漸移轉到亞洲，尤其是中國大陸的崛起。東協十國以及中、日、韓已成為帶動區域經濟復甦的指標力量，這股讓全球經濟板塊大挪移的力道不容小覷。

- 國父說21世紀是中國人的世紀。全球的重心在亞洲，亞洲的重心在中國。東協十加三的區域經濟，將在21世紀扮演著重要的角色。
- 除了美元、歐元之外，亞元的地位，將會被加速催化。

TOPIC
9

經營好你的財務報表

人生的成長歷程，從幼稚園接受教育開始，歷經小學、國高中到大學，前後19年。直到大學畢業，找到第一份工作，獲得第一份收入，才算開始真正獨立生活。此後，面臨的就是食衣住行育樂的日常開銷，若有結餘，會漸漸地累積第一桶金，開始面對一個屬於自己的財務報表，包括了收支表及資產負債表。

$ 一、收支表（又稱為損益表）

收支表指記錄在某一期間努力奮鬥及經營成果的財務報表。

收　　　　　　入	金　　額
● 薪資／加班費／兼職收入／獎金 ● 股息／紅利 ● 存款利息／債息／固定收益息 ● 出售股票／基金獲利 ● 出售動產／不動產獲利 ● 其他投資理財收入……	
總　　收　　入	$

支 出	金 額
● 餐飲費／服飾／水電／瓦斯／電話費／油費／保養費等生活費用 ● 房屋／汽車貸款 ● 醫療費／保險費／基金 ● 旅遊娛樂 ● 稅 ● 其他	
總 支 出	$
結餘＝總收入－總支出	$

（一）收入——開源

1. 本業及勞務收入

學校畢業後踏入社會工作，從領的第一份薪水開始，你會感受到那是真正財務獨立的開始。這些收入是我們的勞力付出所換得的，如果我們覺得一份薪水不夠花，自然就會想到利用兼職來獲得第二份收入。

2. 投資理財收入

然而能真正累積財富的，還是要靠錢來賺錢，也就是要靠投資理財收入，才能快速地跳出領薪迴圈，架構一個永續性的收入，進入富人的世界。投資理財收入包括：利息收入、債息收入、固定收益利息收入、股息紅利收入、出售股票基金收入及其他投資收入等。

（二）支出——節流

1. 必要的支出

如：食衣住行、娛樂、醫療、保險、稅及儲蓄、投資等項目。

2. 非必要的支出量力而為

如：名牌包、滿漢全席、打高爾夫、海外旅遊等。

（三）結餘

當漸漸累積出人生的第一桶金時，就有能力踏入另一個領域──「投資理財」。有了第一桶母金，理財視野也會更加開闊，才有可能購買或投資金融商品，例如房地產、保險、股票、基金、固定收益債券及其他金融商品等。

資　　　　產	金　　額	負債與資本	金　　額
流動資產總計		負債	
		資本	
固定資產總計		● 自有資金	
		● 當年度結餘	
總　　資　　產	$	負債與資本	$

1. 結餘＝總收入－總支出
2. 將「損益表」的結餘金額轉入「資產負債表」中的資本。

二、資產負債表（又稱為平衡表）

係指記錄某一結算時點（特定日期）其財產（財務）狀況的報表。資產代表「金錢的用途」，負債與資本代表「金錢的來源」；負債是表示期限到時，一定要還的錢。資產負債表由於左右兩邊的數值相等，又被稱之為平衡表。左邊表示「資產」，有流動資產與固定資產。右邊負債與資本，表示自己的錢與借來的錢。

資　　　產	金　額	負債與資本	金　額
流動資產		負　　債	
● 現金／活存／		● 房屋／汽車貸款	
支存／定存／		● 家電／分期付款	
固定收益債		● 向親友借款	
● 人壽保險現值		● 其他……	
● 公債／股票／基金			
● 親友借出款			
● 其他……			
固定（實質）資產		資　　　本	
● 房屋／土地		● 自有資金	
● 汽車		● 當年度結餘	
● 家具／家電／			
珠寶／黃金			
● 其他……			
總　資　產	$	負債與資本	$

（一）資產

1. 資產按其變現之難易，可分為流動資產及固定（實質）資產。流動資產包括：現金、活期存款、支票存款、定期存款、固定收益債、人壽保險現值、公債、股票、基金、親友借出款及其他等。固定（實質）資產包括房屋、土地、汽車、家具、家電、珠寶、黃金及其他等。

2. 資產按其收益性，可分為生利資產與非生利資產。定存、股票、債券、基金等皆屬生利資產；名車、音響等皆屬非生利資產，生利資產產生的收入，將有助於損益表的結餘，水漲船高。

3. 資產管理已成為現今金融機構相當重要的服務項目之一，好的資產管理方式，需先做好資產配置、風險控管，再選擇適當的理財工具與標的。

（二）負債

負債，就是向外借來的錢。資產的形成，除了來自自有資金外，亦有向外借來的錢，房貸就是一例。當通膨發生時，就可以善用負債理財，想辦法向銀行借錢，因為善用負債，有下列三大好處。

1. 抗通膨：借錢利率約1.5%～2.5%，長期通膨平均約3.5%。
2. 節稅：遺產稅計算基準為資產減負債後的淨值。
3. 套利：借錢利率約1.5%～2.5%，如投資理財年績效大於3.5%以上，即可產生套利收入。

（三）資本

1. 當年度收入扣除當年度支出，產生了當年度的結餘。累積歷年結餘形成了資本。
2. 運用資本，可購入生利資產，投資各種理財工具，以增加收入來源。
3. 運用資本配合負債，可快速擴大資產。財團或上市公司，皆擅長於運用銀行資金，舉債經營；個人投資理財也可以依據自己的自有資金狀況、還款財源、現金流量，向金融機構做適度的借貸。

Chapter 4 規劃篇

架構穩固而長遠的財富基石

　　理財規劃，猶如工程的藍圖設計，是整體財務工程中不可或缺的一環；也是一般人在投資理財裡較容易疏忽的部分。一個周全的理財規劃，將會有效地協助投資者架構穩固而長遠的財富基石。

理財規劃的定義與目的

理財規劃是個人規劃現在以及未來的財務資源，用以滿足個人每個人生階段的需求，達到其預定計劃目標。亦即做好生涯規劃，根據生涯規劃理一生之財。理財規劃包括收入規劃、支出規劃、投資規劃、退休養老規劃、財富傳承規劃等。

理財規劃，是先研究戰略而後戰術，要瞭解資產配置之重要性，避免以偏概全。「理財規劃」猶如「醫學領域的家醫科」，先進行諮詢，望、聞、問、切，找出過去投資理財失敗的原因，或個別理財需求，客製化量身打造，針對不同對象之不同需求，運用各種不同的理財工具，規劃出不同的策略。

理財除了要開源節流外，更需進一步做好階段性的規劃。例如：何時開始儲備子女教育金、何時開始儲備自我退休金等，訂定短、中、長期的理財目標，並因應客觀環境的變化適時予以調整，逐步達成。

理財規劃和財富累積有相當大的關連性，做好理財規劃

的人，比沒做理財規劃的人，更容易正確地逐步累積較多的財富。而衝動型的投資人，只是肥了交易員，謹慎的理財規劃，才能讓您終身受益。

總之，理財規劃的目的是為了要追求更美好的生活，讓生活過得更豐富、更充實、更有幸福感；隨著人生的每個階段，求學、就業、結婚、養兒育女、退休……等，都該有不同的規劃。

智富筆記

* 理財應站在制高點，由上而下，先按照自己的需求，做好全方位規劃，再按規劃購入金融商品。
* 理財規劃猶如室內設計師，先繪好藍圖，再按其各個場區之空間，添置傢俱。
* 先經規劃再購買理財工具不容易失敗；未經規劃即購買理財工具不容易成功。

TOPIC 2 理財成功的四個要件

理財要成功，有幾個須注意的要件：理財越早開始越好、工具的選擇很重要、要賺取時間財、要穩定而規律的投資。茲分述如下：

💲 要件一、理財越早開始越好

時間是累積財富的一個很重要的因素，需重視時間的價值。從下表可見，月存3,000元30年及月存4,500元20年，兩者的總存款同樣是1,080,000元，但最後累積的金額卻有極大分別。假設每年10%回報的話，累積的金額相差一倍，如果年回報15%的話，所累積的金額更達3倍以上。

增加50%存款年期， 效果遠勝於增加50%存款額			
年回報率	每月3,000元 存20年	每月3,000元 存30年	每月4,500元 存20年
5%	$1,238,239	$2,507,179	$1,857,358
10%	$2,297,091	$6,837,976	$3,445,636
15%	$4,547,865	$21,029,462	$6,821,797

上表很明顯的顯露出「理財越早，財富蓄積愈大」的效果，顯示出複利的威力。每月存3,000元20年，每年15%回報只能累積454.7萬，但每月存3,000元30年，同樣的回報率卻能累積2,100萬。454.7萬做為退休金，似嫌不足，然而2,100萬則足以因應。

要件二、工具的選擇很重要

理財工具種類非常多，但要如何挑選也是一門相當大的學問。常見的理財工具包括股票、基金、保險、債券、定存、外匯、期貨、選擇權、黃金以及房地產、古董等。基本上，好的理財工具，須能兼顧安全性、獲利性及流動性。

金融商品已有朝國際化、多元化發展的趨勢，投資工具琳瑯滿目，在許多財經雜誌上都可找得到各式各樣的股票、基金、保險、外匯、期貨等投資工具。而不同的理財工具，背後也代表著不同的報酬及風險。許多沒做足功課的投資人，往往在股市、期貨中摔得傷痕累累。因此，要進行理財之前，得先做好功課，慎選投資理財的工具（詳本書基金篇）。

要件三、要賺取「時間財」

穩健理財者要賺取時間財，同時須持之以恆，而非賺時機財，時有時無。台灣有位知名藝人的長輩，靠敏銳的投資嗅覺征服股海，二十三年間賺得百倍身家。他的成功來自恆心與毅力，和股神巴菲特的長期投資「賺時間財」精神相通。

　　1993年的鴻海市值不過四、五十億元左右，從1993到2007年，歷經亞洲金融風暴、科技泡沫破滅的震盪，鴻海市值卻暴增近三百倍，如果當初有人投資一千萬元，那麼經過十五年的配股配息，已增值近三十億元。

要件四、要穩定而規律的投資

　　華倫‧巴菲特的理財哲學：「財富的蓄積須以『穩定中等的速度前進』，而不是一夕致富。」能一夕致富的理財方式大多是在賭機率。

　　近年來，巴菲特經常在公開場合中，提到指數型基金（ETF）的魅力，到底巴菲特認同指數型基金的道理在哪裡？巴菲特曾在波克夏公司的年會上提到，對於大多數根本沒有時間對個股進行充分研究的散戶投資者而言，最好的方法就是購買低成本的指數基金，然後「堅持長期規律投資」；因為此投資法所選擇的投資標的是一些理想的企業，以及長期成長的總體經濟。

　　本書工具篇，在基金之章節中提到，慎選績效較佳的組合式定期定額基金，穩定而規律的投資，架構人生的第二事業部，不但安全性高，獲利狀況亦往往較自己操作為佳。對於一些非專業又沒時間理財的投資者而言，是不錯的選擇。

　　在短期的市場裡，應該找不到任何一種規律可以適用於所有情況；然而就長期而言，企業的盈餘趨勢會與股價趨勢大約一致。而其中的規律，可能是企業價值與盈餘狀況，加上景氣

狀況、市場心理與資金，更細微的則可能有產業特性、個別企業屬性、籌碼流向等等，最後才是技術面的確認訊號。

在美國，勤儉持家規律投資，是多數中產階級家庭致富的有效方法。以下為觀察實際情況所得出的理財三要：

第一、要努力工作，規律儲蓄，快速累積第一桶金。

第二、要分散風險，慎選投資標的，並做好資產管理與負債管理。

第三、要穩定而規律的投資，妥善運用各種投資工具，建構一個永續的收入系統。

智富筆記

• 財富金三角：時間、績效、複利。
• 勿因善小而不為，勿因惡小而為之；穩健理財，只要每年能累積正報酬，將可聚沙成塔。

TOPIC

3

理財規劃的範圍

理財規劃的範圍，包括賺錢、用錢、存錢、借錢、省錢及護錢等。

$ 一、理財就是要學會賺錢

大多數個人財富來源之始為工作收入。從學校畢業後的第一份工作開始，包括薪資、佣金、兼差或自營事業所得收入等。第二份收入為理財收入，本部分乃運用每年結餘下來的錢，投資於生利資產之所得，包括利息、股利、資本利得或房租收入等。

對於一個剛出社會的人，欲快速累積財富，就是增加兼差收入，如果原來的薪資收入是用來當生活費，那兼差收入就可成為結餘。

$ 二、理財就是要學會用錢

用錢支出包括：生活支出及理財支出。生活支出，諸如食

衣住行育樂、柴米油鹽醬醋茶、醫療費等日常生活開支；而理財支出則包括利息支出、手續費支出、保險費用支出等。

欲達財富之蓄積，除了開源外，節流也很重要。每一項花費都應按照其重要性來排列順序，並且彈性調整花費，才能有更多盈餘用以做為儲蓄或投資。對於大筆的預期花費，例如購屋或購車需要準備自備款，則需選擇以儲蓄的方式來準備資金。

💲 三、理財就是要學會存錢

收入減支出即為結餘也就是存錢，它可作為生活預備金及投資於生利資產（生利資產是指可產生理財收入的，例如股票、基金等）或置產（自用住宅、汽車等）。資產的配置與管理，已成為金融服務業近年來訴求的重點，資產管理公司如雨後春筍般林立，可見一般；要成為富裕人士，非得做好資產配置與管理不可，這是快速蓄積財富極重要的路徑。

💲 四、理財就是要學會借錢

借錢就是舉債，也就是會計科目所稱的負債。負債包括消費性負債（信用卡循環息、分期付款等）、投資性負債（融資融券保證金，財務槓桿等）及自用資產負債（房屋貸款、汽車貸款等）。就傳統觀念，並不鼓勵負債，然就積極面言，做好負債管理，借錢賺錢（須考慮借錢成本及投資風險與報酬），適量的運用財務槓桿，不但金融業如此，上市公司也如此，負債管理已成為當今投資理財相當重要的一環。

五、理財就是要學會省錢

節稅規劃是省錢相當重要的一環,包括分年贈與、創造負債、購買保險、財富傳承與遺囑信託等。節稅規劃的策略很多,為因應不同的資產持有狀況,必須要更深入縝密地做全面性的資產規劃,才能達到節稅目的,發揮最佳功效。

六、理財就是要學會護錢

護錢就是藉由財務規劃,考量風險承受度、預期投資收益的綜合評量表,透過保險、信託等之周全規劃,做到子女生育、養育、教育基金規劃、自我退休規劃(包括退休金之籌措方式、退休年齡、退休後生活、勞退金與社會保險等),達到理想的退休生活。不僅要做到保護財務安全,而且要做好財富傳承。

智富筆記

- 理財規劃,就是要架構一個「穩固且長遠」的財富基石。
- 想要有財可理,第一步就是要快速累積第一桶金,並做好收支預算規劃。

TOPIC
4

人生不同階段的理財規劃

人生的理財，隨著成長歷程可分為四大階段，一為初出社會單身階段，二為結婚生子階段，三為收入快速成長階段，四為退休準備階段。

💲 第一階段：初出社會單身階段

剛從學校畢業、就業，此階段收入較低，想要快速累積第一桶金，就是多兼差增加收入；同時節約開支，開源節流並進。原薪資收入充當生活費，兼差收入可存下並投入定期定額基金，運用零存整付方式，積極累積財富。

💲 第二階段：結婚生子階段

成家立業，傳宗接代，以延續人類的生命歷程。以投資理財而言，早婚晚生子，對財富之累積有其正面之幫助。對一個雙薪家庭而言，如能計劃生育，婚後先快速累積二至三年財富，除可投入定期定額基金外，另可作好保險儲蓄規劃、子女教育基金規劃等。

$ 第三階段：收入快速成長階段

工作累積一段時間後，職位漸漸晉升為小主管、主管，或累積一些工作經驗後，自行創業當老闆，此時已累積較大桶的金，在理財規劃方面，除可加碼定期定額基金外，另可購買退休年金型的保險，並可逐次單筆投入固定收益型金融商品，如政府債券、金融債券或債券型基金、各種固定收益債等。

$ 第四階段：退休準備階段

本階段之投資理財規劃，宜趨保守，可減碼波動性商品，加重固定收益及類固定收益型之金融商品。金融海嘯以後，坊間出現許多固定收益型保單，不但具有理賠保障，若選擇固定報酬，其收益率亦較定存為高，此等金融商品稱之為類固定收益型之金融商品。另在財富傳承方面，可選擇信託規劃，或購買高額保單等，這些在退休準備階段，都是不錯的選擇。

智富筆記

- 年輕學會理財，可以賺一輩子「時間財」；年長學會理財，可以努力一陣子；退休後可以享受一輩子。
- 現代人由於壽命延長，為了安享晚年，須積極的籌措退休金準備。如未及時做好理財規劃，可能面臨長命百歲但是無錢可用的窘境。

理財目標需要靠計劃之設定來完成，計劃包括儲蓄計畫、投資計畫、豪宅、名車購置計劃、子女教育、退休規劃等理財目標的設定，在進場前必須做好充分規劃。

一、理財計畫要具體

例如：我要在30歲投資定期定額基金、保單，年繳30萬元；40歲購置價值1,500萬元之不動產（可配合房貸）；60歲存足3,000萬元退休。理財要有好效果，首要條件是根據人生各階段需求設立明確目標，制定良好的理財計劃，逐步實現人生理財大計。

二、理財計畫要符合實際

理財計畫須了解想要達成的目標及每期的投資金額需要多少？所訂定的目標要有可能達成。例如籌措子女留學費用需要多少？還是準備購買新屋的頭期款需要多少？或是為退休做準

備需要多少？而在這樣的理財目標下，幾年後，我需要累積到多少錢？目前我有多少錢？又可做多長期間的投資？因理財目標不同，所需的金額也不同。

$ 三、理財計畫需設定優先順序

將一定要達成的目標列為第一優先，其次為想達到但非必要的，亦可列出階段性目標。例如：青壯年時期，成家立業、養兒育女大多在這個階段，支出較龐大。但也因為是事業的衝刺期，收入可能較豐碩，可利用較積極的投資計畫，例如購車、購屋頭期款，配合貸款投入。並可以開始以定期定額方式，長期投資較穩健的基金，為子女教育基金或退休基金及早做準備。

智富筆記

- 年輕人靠體力賺錢；中年人靠人脈賺錢；退休族「靠錢賺錢」。
- 退休族最大的轉變是：賺錢能力減少了；花錢的能力卻增加了。

理財規劃之
實施步驟

欲 做好理財規劃，尋找一位優質的理財規劃顧問是非常重要的，如能經由朋友介紹並充分了解其經資歷背景，以及是否有成功經驗、誠信及口碑等，將有助於理財規劃之順利進行。理財規劃之實施步驟有四：

💲 步驟一：初步會議，做觀念的溝通

投資理財需有正確的理財觀。找到理財規劃顧問後，首先需先做觀念之溝通，並告知理財規劃顧問，個人財務狀況包括收入、支出等現金流量情形，及資產負債狀況與理財規劃特殊需求，以及以往是否有購買一些金融商品？績效如何？可將這些已購買之金融商品，請教於理財規劃顧問。

💲 步驟二：進行財務諮詢

與理財規劃顧問雙向溝通，就已收集之資料，經診斷、分析、討論，檢討在過往投資理財過程中，是否有失誤，該如何

補救，進行財務諮詢，並按現有狀況以及未來可能的變化，共同設定理財目標。

步驟三：訂定財務規劃書，落實執行

理財規劃顧問根據財務諮詢結果，訂定財務規劃後，我們需充分了解理財規劃顧問之規劃報告內容，並根據理財規劃顧問所建議之理財工具進場操作，徹底執行理財規劃書中的計畫目標。

步驟四：追蹤控管執行進度

追蹤控管執行進度是理財規劃進度中較容易被遺漏的，每季或每半年檢討所訂立的目標計劃是否完善，才能充分掌控執行成效。如有窒礙難行，需與理財規劃顧問充分溝通，檢討原因，並做必要之修正。

智富筆記

- 架構自己一生的財務工程，需先打好地基。
- 要打好地基，就要做好全方位的理財規劃。
- 投資理財要成功，理財規劃不可免。

理財規劃顧問所提供的服務

理財規劃顧問主要服務項目，包括需求諮商、整理個人財務資訊、協助訂定理財目標、量身訂做理財方案、評估選擇進場工具，以及金融商品發行公司之安全性與操作績效，並適時追蹤執行成果。

 ## 一、需求諮商

　　與客戶諮商面談，了解客戶的需求與現有的投資理財狀況，檢視現有布局之金融商品是否需做調整，並設定理財計畫目標與期望。

 ## 二、財務規劃報告書

　　了解客戶財務狀況，如資金存量與流量及財務規劃目標，按客戶財務狀況與生涯規劃，經與客戶充分溝通後，撰寫投資理財規劃報告書。

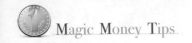

💲 三、協助執行

理財規劃顧問，猶如財務的家庭醫師，對於太複雜的個案，可另外轉介專科醫師來協助。若問題不複雜，則可開出處方後，直接請客戶至藥局配藥——也就是到券商、基金公司、銀行（含私人銀行、投資銀行）、保險公司、信託公司等金融機構，購置各項理財工具，協助客戶確實執行理財規劃書中的方案，按期達成進度與目標。

💲 四、成效追蹤

計畫、執行、追蹤、控管，定期檢討執行進度及必要之修正。每季或每半年一次，根據儲蓄、生息資產、獲利狀況、收支情形，並對於生活過程中重大的改變，如婚姻狀況、身體狀況或就業情形等，做適當的修正與調整，予以成效追蹤。

- 做任何投資都需有獲利模式的思維。
- 理財顧問猶如一盞明燈，可指引方向，讓我們在投資理財之路不會迷失。

先做好理財規劃，再進場操作

正確的投資理財，需要先做好規劃再進場操作，如同蓋房子一樣，須先規劃藍圖，畫好設計圖，再按圖施工，當房子落成後，再購買傢俱。

方案一：先做好規劃，再選擇工具進場操作

1. 運用財務報表分析，自我檢視資產負債狀況——包括個人、家庭的資產結構、資金存量及收支狀況、資金流量等問題。

2. 未來退休後，我要過什麼樣的生活。包括：基本的生活開銷、每年旅遊安排、每月和朋友聚餐等花費。

3. 財務傳承規劃，要考慮遺產稅、贈與稅及繼承等問題。

4. 最後再根據做好的規劃，選擇適當的理財工具，進場操作。

方案二：直接選擇金融工具進場操作

1. 我們在投資股票時，常常會碰到後述的狀況：例如鄰居王大明正好在證券公司當營業員，在他的鼓吹之下，去他所服務的證券公司開戶買賣股票，並按他所給的「明牌」進出；或是看電視，跟隨投顧老師解盤進出；或是買周刊參考進出；或是到處打聽大戶或主力，是否有內線消息等。

2. 同事的太太在賣保險，來推銷保單，基於人情因素，向她投保壽險，意外險，儲蓄險或投資型保單等。

3. 當我們到銀行存提款時，經由銀行理專遊說、推薦購買該銀行所販售之金融產品。銀行基於業績壓力，因此我們常會見到理專熱心積極地向客戶行銷基金、連動債等商品。

4. 一些報章媒體、周刊或是名嘴，經常會使用置入式行銷推薦某幾檔股票或基金。

$ 差異性：兩種方法不同，得到的結論也不同

先做好規劃，再選擇工具進場操作的人，得到的結論是：清楚自己的財務狀況，且了解自己想要在退休後過什麼樣的生活，都已經有所規劃，因此按部就班地累積自己退休後的財富。等到年老退休時，不用花太多的時間精力再去賺錢餬口，可以從容退休，過一個有尊嚴的退休生活。

而未做好規劃直接選擇金融工具進場操作的人，得到的結論是：到處聽明牌，專做短線，追高殺低，忙碌異常，莫衷一

是。東買一些股票，西買一些保險，缺乏完善的規劃與配置。原本以為只要有投資就能累積財富，但到頭來很可能將自己的多年積蓄都輸光，最後落得什麼都沒有。以上兩者最大的差異就是在投資之前，是否預備一個完整的規劃。

智富筆記

- 有首童子軍歌很有意思：「那聰明人把房子蓋起來，蓋在堅固磐石上。雨水下降，河水上漲，房子不會塌下來。那愚笨人把房子蓋起來，蓋在鬆鬆沙石上。雨水下降，河水上漲，房子就要塌下來……」
- 做好理財規劃，才能將財富架構在堅固的磐石上。

常見的理財失敗原因

理財之所以失敗，在於沒有正確的理財觀，以投機代替投資，或未事先做好規劃，或誤將銷售員當做理財顧問（沒有找到真正有經驗的全方位理財規劃顧問）等。茲將較常見的理財失敗原因彙整如下，若能深刻體悟，避開失敗，成功自然會跟隨而來。

1. 沒有正確的理財規劃，對金融商品一知半解以偏概全。

2. 只有想法沒有做法，天天夢想著一步登天，不切實際。

3. 追逐明牌或小道消息，道聽塗說無法找到真正的專家。

4. 分不清顧問或銷售員，或拿名醫之處方去問赤腳大夫。

5. 雞蛋放在同一個籃子裡，未分散風險，孤注一擲。

6. 太相信別人或過於任性，投資僅憑自我直覺。

7. 一路失敗而絕望，或從未失敗自以為是，不相信專業。

8. 聽信銀行理專行銷話術，以為跟著理專就可全部搞定。

9. 理財觀念保守，以為只要靠儲蓄與定存，就可以致富。

10. 專業認知不足，研判時無法站在制高點。

11. 心存貪婪與僥倖，誤將一時的成功視為是常態。

12. 捨長利而就短利，或將短天期資金作中長期投資。

13. 信用過度擴充或投資於未熟悉的領域。

14. 未及早做好全方位理財規劃，投資亂無章法。

15. 未培養下一代做好接班準備，過早將財富移轉。

智富筆記

- 富裕人生來自於今天比昨天好，今年比去年好的感受。
- 想累積財富，需先自我了解財務的缺口。
- 窮人賺機會財，富人賺時間財。

客製化量身打造
財務工程

　　一位稱職的理財規劃顧問，必須懂得房地產、股票、基金、保險、期貨、債券、外匯、固定收益等金融商品。

　　就以股票操作而言，應了解的是：到底買賣股票與投資股票孰優？又何謂基本面？何謂技術面？基金投資，單筆較優或定期定額較優？又如何選擇？如何操作？保單應檢查保險內容與要保人的認知有無差距、哪類型的保單重複、哪類型的保單不足、是否有投資型保單、績效又是如何等。

　　在投資者做投資理財之前，需先了解投資者現有金融商品的部位，哪些是優質的金融商品、哪些是劣質的金融商品、哪些可以繼續持有，而哪些可以贖回或轉換……。

　　當做好上述諮詢後，接著要了解投資者現有的資金存量與流量、現有家族成員以及未來的生涯規劃。例如：何時要退休、退休後每個月需要多少生活費、要留給自己多少花用、家中有幾個小孩、如何安全地保留給下一代、要給多少、要何時給以及如何做好財富傳承規劃、稅負規劃等等。做好整體規劃

後，接著才開始選擇工具，進場操作，並適時追蹤成效，做必要的調整。

由於每個人的人生觀、生涯規劃不盡相同，每個家庭成員、人口結構也不同，理財規劃自然會有差異。就如同每個人體質不一樣、生活習慣不一樣、遺傳基因不一樣，營養師給的食譜就會有所不同。投資理財，需配合每個人的人生觀及自我生涯規劃調適而成，而非買一劑成藥可成功。

智富筆記

- 人口老齡化，加上出生率下降，我們面對著養不起的未來。
- 贏要感恩，輸要自省。
- 懂得分享，將使你享福不盡。
- 不順時，請停下腳步。

富人一步到位的
理財規劃模式祕招

富人之所以為富，在於他們大都有著正確的理財觀，就投資股票而言，他們會做長期投資，而不是短線的買賣；他們會去累積時間財，而不是時機財。

　　根據美林證券的調查報告顯示，富裕人士大都會喜歡「固定收益」的金融商品甚於波動性的商品。而且，多數富裕人士大都會與理財顧問研究之後，共同進行理財規劃。以下就是富人一步到位的理財規劃模式祕招。

⑤ 第一招：構築人生的第二事業部

　　當富人經歷人生高峰期，資產累積到一定程度後，為了分散風險，往往會將其存量投入固定收益型的金融商品；流量投入定期定額基金，開始構築第二事業部，而不再持續投入本業，用以分散風險。

　　什麼是第二事業部？那第一事業部又是什麼？所謂第一事業部就是本業，是以往主要的收入來源；而第二事業部就是投

資理財事業部，是借力使力，是藉由投資理財管道，分享全球成功企業家的經營成果。

第二招：分享全球成功企業家的經營成果

成功的企業家，將公司公開發行，進入資本市場，成為上市公司。優秀的基金經理人，選擇績優公司，分散配置，成為績優的基金。一位有經驗的理財規劃顧問，可以協助客戶，做好理財規劃，慎選6至10檔績優基金，建構組合式基金平台，分享全球成功企業家的經營成果。根據歷史資料統計，全球排行榜前10名的基金，其10年平均報酬約為15～30%。故其安全性、獲利性，往往大於自己親自經營的企業。

第三招：規劃退休年金保單，保障退休後生活

保單設計有許多種類，退休年金保單是理財規劃顧問作為資產配置不可或缺的一環。因為當我們退休後，不再工作，賺錢能力沒了，花錢能力卻無可奈何地與日俱增，加上社會福利不足，因此退休年金保單就顯得格外重要。坊間較為理財規劃顧問所青睞的，就是繳費十年，之後不必再繳費的類型。不但可保障到100歲，且每年約可領回年繳金額的40%～65%，領到100歲。要多少月退俸才夠生活，可預先自我規劃。

$ 第四招：以固定收益作為大水庫，架構一個永續的收入系統

　　根據美林證券的財富調查報告，固定收益為富裕人士（擁有可支配現金100萬美元以上的人士）的最愛。由於固定收益，每年皆為正報酬，符合華倫·巴菲特的財富蓄積原則：時間×績效×複利，正報酬才能享複利效果。以固定收益作為大水庫，可以架構一個永續的收入系統（詳固定收益篇）。

$ 富人一步到位的操作實例

　　首先，富人會建置一個大水庫，將大筆存量的資金，放置於固定收益，以這個大水庫作為核心配置。再將大水庫每年產生的收益，年繳定期定額基金或保單，作為衛星配置。

（一）實例說明

　　假設陳董在大水庫存入1,000萬美金，固定收益每年6%，則每年產生60萬美金收入，其中15萬美金可充當生活費；第二個15萬美金可年繳基金；第三個15萬美金可年繳保費；第四個15萬美金可再存入大水庫，複利滾存，用以對抗通膨。

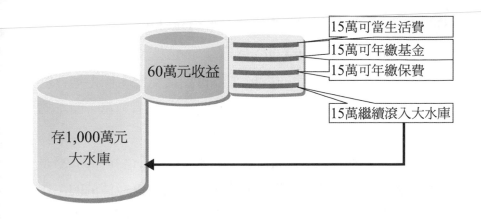

（二）富人規劃大小水庫之優勢

1. 核心配置在固定收益，類似高利定存，不但可以保本，
   而且每年正報酬。正報酬才能累積複利績效。

2. 選擇固定收益金融商品之首要——安全最重要。如有金
   融機構作履約保證，其安全性自然較一般金融商品為
   高。其次，就是要收益率較定存及長期通膨率為高才
   行，最好每年5%以上。

3. 由核心配置之大水庫每年所產生之收益，用來年繳定期
   定額金融商品。可進場定期定額基金或保單，作為衛星
   配置，不必再注入新的資金。

4. 可規避波動性商品的系統性風險，適合長期退休規劃。

5. 經由此大小水庫的規劃，可架構一個「永續性的收入系
   統」。

$ M型社會，富者愈富，貧者愈貧

大前研一（Kenichi Ohmae）的《M型社會》（M Shape Society）一書帶來無比的震撼，社會結構丕變，使得消費群逐漸向所得高、低的兩端傾斜；貧者愈貧、富者愈富，原本的中產階級也在不知不覺中成為「新貧」一族。

在全球超級資本主義盛行風的推波助瀾下，台灣的貧富差距也日益拉大。在台灣，窮人愈來愈多，更有許多貧窮的工作人，終日辛苦打拚，也只能勉強溫飽；但另一方面，富人卻愈來愈富有，此種現象愈演愈烈。

然而是什麼原因造成這樣的結果？貧富差距愈拉愈大，主要是因為超級資本主義盛行全球，使得一些手上沒有掌握技術的人，愈來愈窮，成為社會上的弱勢份子。前經建會主委何美玥指出，知識經濟時代本來就是用錢去賺錢，所以時代走到這裡，貧富差距本來就會被拉開。

另一方面的原因是富人重視投資理財，全力架構「永續收入系統」，用錢賺錢；窮人拼命工作，不重視投資理財，用勞力賺錢，面對低利率高通膨的社會，光靠薪資與定存終難以致富。

Chapter 5 / 不動產篇

成家的起始

　　購置不動產是成家的起始，用以遮風避雨，是民生基本需求之一，也是投資理財資產配置中不可或缺的一環。房市的好壞和景氣有直接的關連，而景氣的變化有許多指標可以表示，如能充分運用這些指標，則對於房市的趨勢變化就更容易掌握。

不動產和景氣的連動關係

TOPIC 1

民國100年的新台幣兌換美元匯率，創下13年新高紀錄，突破28大關；黃金價格飆漲至每盎司1,400美元；國際油價也上漲至每桶100美元。國際熱錢大量流入國內，造成國內通膨加劇，建商又不斷搶買土地，造成周邊房價不斷攀升……，如此多變的經濟環境，該如何掌握房市趨勢？本章特別說明如何運用景氣指標，作為投資房市的參考。

$ 一、掌握四項指標，掌握房市趨勢

總體經濟有四項指標與房市息息相關：國民生產總值（GDP）、消費者物價指數（CPI）、利率及加權股價指數。

（一）國民生產總值（GDP）和房價關係

民國99年台灣的實質GDP成長率高達10.82%，同時國民生產總值也高達14兆元，創下歷年新高點，當GDP持續增

長，代表整體經濟環境變好，人民收入增加，消費及購買力都
增加，當然就有能力購買不動產。近25年來，台北市的房價，
分兩波攀升，到民國99年為止，房價每坪至少上漲一倍。如以
商業區或地段好的區域來看，上漲更多達數倍，投資者可以透
過長期觀察GDP指標變化，藉此了解大波段行情，掌握房市
房價變化。

　　從下圖可看出國內生產總值（GDP）和房價有「正相關
關係」，代表國內生產總值（GDP）升高，則房價也會升高。

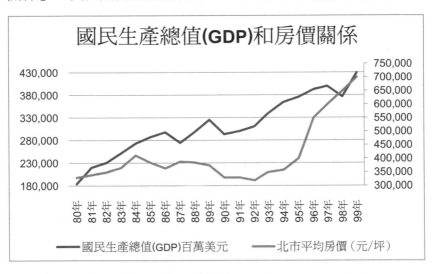

年份	北市平均房價 （元/坪）	國民生產總值（GDP） 百萬美元
80年	330,000	184,870
81年	340,000	219,974
82年	350,000	231,531
83年	367,500	252,665
84年	413,000	274,728

85年	385,000	287,912
86年	365,000	298,773
87年	390,000	275,080
88年	385,000	299,010
89年	375,000	326,205
90年	330,000	293,712
91年	330,000	301,088
92年	320,000	310,757
93年	350,000	339,973
94年	360,000	364,832
95年	400,000	376,375
96年	550,000	393,134
97年	600,000	400,132
98年	650,000	377,410
99年	700,000	430,451

（二）消費者物價指數（CPI）和房價關係

消費者物價指數（CPI）反應當年度的各項民生用品的價格和前一年度相比是否上漲。例如當國際原物料如麵粉、糖上漲時，國內麵包就會漲價，所以消費者物價指數（CPI）就會升高，人民的購買力就會下降，由於不動產每年的增值空間相當大，因此很多人就會購買不動產來對抗物價上漲，也就是「買屋抗通膨」的概念。

政府同時會適當管制不讓物價上漲太快，例如油價上漲，所有民生物價都會跟著漲，最常聽到「什麼都漲、就是薪水沒漲」，一般來說，消費者物價指數（CPI）波動，政府通常會控制在一定的%以內，如果發生嚴重通膨，代表景氣過熱、游

資過多，政府就會運用「升息」政策來降溫，或是其他的打房措施，避免資產泡沫化。

通貨膨脹時期，影響財富重分配實例說明：

　　在民國67年（1978年），第二次石油危機，當時服務於金融界的喬恩，也是高普考界的經濟學名師，預見可能會發生「惡性通膨」，而當通膨來臨時，會產生財富重分配。財富重分配的結果，有些人會受益，有些人會受害；由於他只有薪資收入及講課鐘點費收入，是一位通膨下的受害者，於是大膽標會，先成為受益的債務人，再投資內湖五間預售屋，成為受益的不動產擁有者。果真不多久，房價飆漲，除了留一戶自住外，其餘逐次分批出清，就這樣賺進了上百萬的人生第一桶金。

　　這個投資理財的實例，就是一個很好的教材。喬恩不愧為經濟學名師，加上他的證券、金融長才，充分運用「創造負債抗通膨」、「創造資產享通膨」以及財務槓桿、期貨、選擇權之操作，在自有資金不足之下，仍能掌握總體經濟趨勢，運用景氣變化指標，賺進人生第一桶金！「沒有錢，也能賺進人生第一個百萬」，這是喬恩老師當年最擅長的理財課程，也是當年投資者趨之若鶩的課程！惟隨著年紀漸長，喬恩老師不再授課，個人投資風格亦漸趨保守，他主張「投資者應先熟習整體經濟，做好理財規劃與資產配置，再選擇投資工具，於適當時機分次進場。長線而規律的投資，是致富的鐵律。」

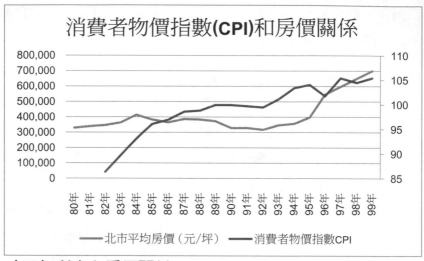

消費者物價指數(CPI)和房價關係

北市平均房價（元/坪）　　消費者物價指數CPI

（三）利率和房價關係

當景氣低迷不振，政府有意刺激景氣時，就會將利率調低，使得資金取得成本變低，也代表購屋成本減輕，有利購屋者。此外，針對各種特定族群，政府推出青年成家專案，或首購屋者有利息補貼，讓真正需要的人可以享受「低利」的好處。

當景氣過熱時，政府只需逐漸調高「利率」，則所有投資者馬上「聞風喪膽」。因為利率調高，對投資者來說，成本增加，獲利下降，尤其投資者慣用銀行低利率來套利，如果套利不成，反而會真的住進「套房」。但利率調高不利經濟的成長，其他工業或商業投資也會因利率調升而讓投資減緩，這也非政府所樂見的，所以利率如何調動，就像刀的兩面，需運用得宜。

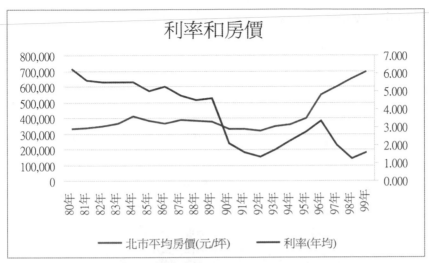

利率和房價

北市平均房價(元/坪) ——— 利率(年均)

（四）平均股價指數與房屋買賣件數的關連性

　　股市漲跌最先反映市場景氣好壞，股市的波動會直接牽動房市，而股價指數就成為房市的另一指標。當大家都有獲利時，很多人就會將股市獲利了結的盈餘轉入不動產，繼續享受增值的好處。

　　從近15年的年平均股價指數與年度的房屋買賣件數來看，不難發現兩者有著相互牽連的關係。其實道理很簡單，當投資大眾從股票市場獲利後，資金轉戰房市也就成為投資首要選項之一。

歷年加權股價指數與平均房價關係圖：

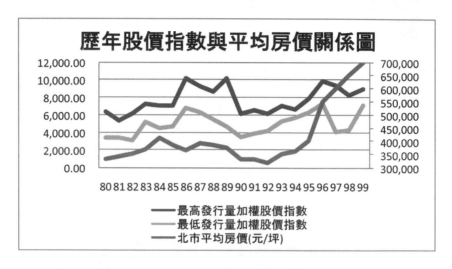

歷年股價指數與平均房價關係圖

——最高發行量加權股價指數
——最低發行量加權股價指數
——北市平均房價(元/坪)

加權股價指數與房屋買賣件數的關連性表：

年　份	房屋買賣件數	最高發行量 加權股價指數	最低發行量 加權股價指數
80年（1991年）	289,503（低）	6,305.22	3,316.26
81年	312,796	5,391.63	3,327.67
82年	371,720	6,070.56	3,135.56
83年	464,480	7,183.75	5,194.63
84年	491,884	7,051.49	4,503.37
85年（1996年）	508,748（高）	6,982.81	4,690.22
86年（1997年）	466,568（高）	10,116.84	6,802.35
87年	385,969	9,277.09	6,251.38
88年	385,074	8,608.91	5,474.79
89年	321,165	10,202.20	4,614.63
90年（2001年）	259,494（低）	6,104.24	3,446.26
91年	320,285	6,462.30	3,850.04

92年	349,706	6,142.32	4,139.50
93年	418,187	7,034.10	5,316.87
94年	434,888	6,575.53	5,632.97
95年	450,167	7,823.72	6,257.80
96年（2007年）	414,641（高）	9,809.88	7,344.56
97年	379,326	9,295.20	4,089.93
98年	388,298	8,188.11	4,242.61
99年	406,689	8,972.50	7,071.67

二、房市週期

近25年來，房市歷經兩波高峰期。第一波高峰期是民國75至79年間；第二波高峰期則在民國92至100年間。

（一）房市第一波高峰期：民國75至79年間

民國76年政府正式宣佈解除長達38年的戒嚴，兩邊政府同意民眾回大陸探親，經濟開始復甦，台灣開始了二位數的經濟成長率。美元兌換新台幣匯率從1:40，一直升值到1:26，國際熱錢開始大量流入，不利出口但有利進口，台灣股市在國際熱錢的推升下，台股指數從4,645，一路飆漲到民國78年的12,682，台灣房價亦隨著飆漲。

民國79至80年間國際油價大漲，國內經濟開始衰退，政府又開始緊縮信用抑制房價，利率提高，股市面臨崩盤，台灣證券交易所發行量加權股價指數由79年的最高點12,682點跌至最低點2,485點，房市應聲而下。

民國75-80年間	最低點	最高點
經濟成長率	5.6%（77年）	11%（75-78年）
美元兌換新台幣匯率	1:40（75年）	1:26.8（77-80年）
加權股價指數	2,485（79年）	12,682（79年）
房貸利率	6.75%（75-76年）	10.375%（78-79年）
台北市預售屋行情	不到10萬/坪	20-30萬/坪

（二）房市第二波高峰期：民國92至100年間

　　民國89年開始，歷經網路泡沫化，房價回到低點，政府推出優惠房貸，土增稅減半刺激景氣，但是對房市似乎沒起太大作用。到了民國92年，碰到SARS再次讓房價下跌，因此三低時代來臨，低利率、低稅率、低房價刺激房市買氣，讓房市再次衝高，而距前一波高點，已整整超過十年。

　　這段期間，房價一直攀升，至民國97年又遭逢金融海嘯發生，股市狂跌，房價雖然有受波及，但因三低刺激景氣方案仍在，因此房市基本盤還維持得住。當兩岸一簽ECFA後，外資又不斷湧進國內，台商、陸商也積極布局，造成這波房價更是居高不下。

民國92-100年間	最低點	最高點
經濟成長率	-1.93%	10.82%
美元兌換新台幣匯率	1:34	1:29
台股指數	3,955（98年）	9,859（96年）
房貸利率	1.0%	2.45%
台北市預售屋行情	30萬/坪	70萬/坪

三、現階段投資不動產應有的風險意識

1. 不動產購買時機很重要，尤其是投資型購買者，如果地點又選錯，將會慘遭套牢，不可不慎！

2. 日本不動產泡沫化後，造成日本經濟20年消沉。

3. 2008年美國不動產泡沫化，引發全球金融大海嘯。

4. 中國大陸為防止不動產泡沫化，實施打房措施。

5. 政府為防止房價不當飆升，祭出奢侈稅，藉以壓抑房價。

6. 全球三大經濟體：美國、日本、中國大陸，皆視「高房價」為毒蛇猛獸，因此投資客的投資抉擇，仍須考慮風險的分散與其他金融商品的均衡配置。

智富筆記

• 買房子千萬不要只跟著感覺走，也不要被建商、房仲、媒體的「話術」所左右。

• 資產的均衡配置很重要，需維持適當的流動性資產，才不會有「看得到，用不到」的缺憾。

不動產投資的評估

TOPIC
2

想投資不動產，無論是自住型或投資用，最重要的是——事前需做好評估工作。

 一、評估自身的投資條件

1. 確認自己的財務承擔能力。如有負債，先還高利貸後再買房；先還信用卡、現金卡、信用貸款再買房，避免使用高利率的消費性貸款。
2. 確認自己屬於何種投資性格，選擇適合自己的投資方式。
3. 購屋預算的掌控（3—3—5原則）
（1）自備款3成以上。
（2）還款負擔以不超過家庭總收入的3分之1。
（3）房屋總價以家庭年收入的5倍最合適。

 二、評估選擇的標的

1. Location、Location、Location：必須掌握熱門地點，

交易活絡的房型。例如著名大學附近學生宿舍、三角窗金店面、三鐵共構都會區等。

2. Timing、Timing、Timing：必須掌握購屋時機，切勿買在相對高點。

3. 如係用來投資，就要考慮到投報率。投資報酬率必須大於貸款利率及長期通貨膨脹率。

4. 如係自住型的首購屋，需以交通方便，生活機能強，換屋轉手容易等作為選屋的重點。

💲 三、評估自己適合哪種房貸類型

現在購屋無論是自住或是投資，通常都會向銀行辦理貸款，現代人必須學會如何運用銀行低利資金。茲列舉貸款的好處如下：

1. 不需籌足100%的現金即可進場，提前享有不動產。

2. 創造負債可以對抗通貨膨脹；創造負債可以節遺產稅。

3. 學會資金運用，可套利或投入獲利較高且安全的金融商品。

房貸類型	利息計算方式	適用對象
內政部青年成家專案（租金或利息補貼）	最高新臺幣200萬元依郵局二年期定儲機動利率，第一、二年零利率，第三年起第一類利率：0.592%；第二類利率：郵儲利率＋0.042%目前利率：1.167%	新婚指申請人於申請日前二年內結婚；申請人育有未滿20歲之子女，每個青年家庭最多可享有二次補貼機會。

固定利率型	固定利率在貸款期間不會隨市場利率變動，前2年固定2.5%，第3-5年固定 3.65%，第6年起指標利率＋1.7%～2.1%（指標利率係採十家）大型行庫（扣除最高及最低各兩家）之一年期定儲利率平均值機動調整（100年3月為例）。	如果利率目前處在低檔、預估即將上漲，則建議採用「固定利率」計息方式鎖住低利率，讓未來幾年的房貸享有固定低利的優勢，則可省下不少費用。
指數型房貸（一段式利率）	加碼幅度固定，長期享有均一加碼利率，貼近市場行情。	適合無暇關心市場走向的人，公務員或大公司員工利率更低。
指數型房貸（利率遞減型、前高後低型）	加碼利率隨時間遞減。貸款期間越長，可省下越多利息，例：第一年利率3.51%，之後逐年降低0.52%，自第6年起即享有零加碼。	適合每月收入穩定的人、沒有提前清償或大額還款計畫的人。
指數型房貸（二段或三段型房貸、前低後高型）	貸款初期利率低，立即享受低利，三段式房貸前半年利率2%，第7～12個月為2.10%，第二年起跳升為2.30%，總平均利率約2.16%（100年3月為例）。	適合打算短期還清，或提前大額還款的人。

固定＋指數利率型房貸	一開始繳交房貸的初期鎖住低利，可以掌握每月的預算，有些銀行一次可簽多年免還本金；之後的利率跟隨市場調整，當銀行的利率降低，你的房貸利率即以相同幅度降低。	適合對利率走向敏感度較高或風險控管意識較高的人，及對每月房貸月付金掌握度高的人。
理財型房貸	本金可隨借隨還，有動用本金才按日計利息，每月僅還利息。	適合中小企業主、短期投資或理財需求，臨時性周轉的人。
保障型房貸	將房貸與保險結合，當貸款人（被保險人）意外身故或全殘等保險事故發生時，房貸將由保險理賠金一次清償，清償後剩餘的保險金額將歸還被保險人之法定繼承人。	有保險意識或保險購買不足的人、家庭經濟支柱（貸款月付金主要來源）。

人生不同階段不動產
投資的策略與案例

人生的每個階段有著不同的不動產需求，由小套房到兩房
或三房、四房、或豪宅、別墅，或將房地產作為投資工
具。無論在哪一個階段，都要衡量籌措自備款的財源以及還款
能力。

$ 第一階段：初出社會單身階段

以工作地點為主，可暫採租屋方式，努力賺第一桶金，建
立銀行信用，充實理財知識，累積投資經驗。若經濟允許，買
房策略宜近上班地點，將房租省下來繳貸款，此階段適合一房
一廳小套房（但為配合銀行貸款，至少需15坪以上），未來新
婚也可使用。

　　案例：畢業3年的王小明，目前在竹科任職工程師，月薪6萬元，銀行內有150萬元的存款，再加上公司年終分紅等等，年薪約90萬元。扣除了每個月基本生活費1萬元，父母孝養金1萬元，再扣掉每年保險費3萬元，綜合所得稅的3萬元，收支狀況列表如下：

收　　　　　　　　　　入	金　　額
● 薪資／加班費／獎金合計年收入	90萬
● 銀行存款	150萬
總收入	240萬
支　　　　　　　　　　出	金　　額
● 生活費用（1萬／月）	12萬
● 父母孝養金（1萬／月）	12萬
● 保險費（年繳）	3萬
● 綜合所得稅（年繳）	3萬
總支出	30萬
結餘＝總收入－總支出	210萬

　　以王小明的經濟能力，他可以開始思考購屋的可能性，透過以下試算，可算出可購買房屋的總預算與房貸支出，

　　1. 最低的貸款成數最好不要超過每月收入的3成以上，最低6萬元×30％＝1.8萬元，

　　2. 最高的貸款成數不要超過5成，所以房貸支出最高不要超過6萬元×50％＝3萬元。

　　銀行貸款攤還速算表，以貸款100萬元為單位，每月本息平均攤還計算。

年利率 年	10年	15年	20年	30年
1.250%	8,869	6,096	4,711	3,333
1.375%	8,924	6,151	4,768	3,392
1.500%	8,979	6,207	4,825	3,451
1.625%	9,034	6,264	4,883	3,512
1.750%	9,090	6,321	4,941	3,572
1.875%	9,145	6,378	5,000	3,634
2.000%	9,201	6,435	5,059	3,696
2.125%	9,257	6,493	5,118	3,759
2.250%	9,314	6,551	5,178	3,822
2.375%	9,370	6,609	5,238	3,887
2.500%	9,427	6,668	5,299	3,951

以貸款20年，年利率2%的本息攤還試算：

可貸方案一

1. 每月約繳17,706元（5,059×3.5＝17,706）。

2. 以每月最低房貸支出6萬元×30%＝1.8萬元。

3. 最低可貸款金額約為350萬元。

可貸方案二

1. 每月約繳30,354元（5,059×6＝30,354）。

2. 以每月最高房貸支出6萬元×50%＝3萬元。

3. 最高可貸款金額約為600萬元。

王小明雖然有存款150萬元，但需要預留生活周轉金，基本生活費1萬元，父母孝養金1萬元等，假設預留三個月，加上契稅、規費、代書費、仲介費等支出，約10萬元及預留裝潢費約50萬元，但是因為王小明目前單身，所以新屋坪數不需

太大，因此試算如下：（1萬元＋1萬元）×3＋10萬元＋50萬元=66萬元，因此經計算出其自備款約為：150萬元－66萬元=84萬元。

經計算出：

最低購屋能力84萬元＋350萬元=434萬元，

最高購屋能力84萬元＋600萬元=684萬元，

結論：王小明最好選購總價約430萬元至680萬元間的房屋，未來才不會面臨太大的財務風險，且其年終獎金等工作以外的收入及每月存款，可加速其還款，減少房貸壓力。

$ 第二階段：結婚生子階段

自行累積人生資源，開始投資自住不動產，進入結婚生子階段，此時可運用政府的青年成家專案，取得政府低利貸款減輕負擔，當小孩漸漸成長，原有住房可能開始不敷使用，同時幾年的工作已累積一些資本，就可以考慮轉換貸款及付款方式，並且為下一階段的住房需求做準備。

1. 初期可採取以租代買的策略，同時努力存到自備款。

2. 亦可選擇相對總價較低的二房產品，先求有再求好。

3. 原則上建議還是選在交通與生活機能成熟的地區，避免日後轉手不易，也較為保值。

4. 請父母幫一把，則增加可選擇條件。

案例：任職老師的惠婷和資訊業的達永，預計半年後結婚，決定買間愛的小屋。兩人月收入預估近9萬元，扣除生活

開銷等支出，每個月還能存下4.5萬元。

　　為了購屋，惠婷預計向父母親先借300萬元當作自備款，身邊留20萬元周轉金。不過，房貸壓力卻讓惠婷擔心，是否會影響原本預計兩年後生寶寶的計畫。

　　房貸支出最多不要超過每月收入的五成，所以房貸支出約為4.5萬元。以貸款20年，年利率2%的本息攤還，每月約繳45,025元，最高可貸款金額約為890萬元。

　　經計算出最高可貸款金額約為890萬元，以目前銀行可貸金額約占房屋總價的7成計算，自備款（資本）最好準備250萬以上，可選購總價約900萬元～1,100萬元間的房屋，未來才不會面臨太大的財務壓力。

$ 第三階段：收入快速成長階段

　　此時財務實力大增，有一定積蓄及人脈，因為小孩成長期需要較大空間，必須增加使用空間坪數，可以考慮換房。當景氣好手邊又有錢，很難讓人不去想投資一些高報酬的不動產，但是如何找到適合投資的標的就很難了，如果房屋的供需不平衡，甚且供過於求，就難有上漲的空間，但如果房價還一直飆高，就算手邊有錢也要小心，因為此時只要出現一點風吹草動，房市就會有泡沫化的可能。

$ 第四階段：退休階段

　　當退休後沒有收入時，可以考慮只留下適當坪數自用的不

動產就好，因為當房子太多、太大時，一來不好管理，二來顯得空蕩或不好打理，退休族群的不動產策略宜相對保守。

　　此時期可以考慮部分出售，或運用貸款轉投資「固定收益」、類固定收益等工具，將不動產活化或轉化運用，做好資產配置，享受財富人生。

智富筆記

- 「有土斯有財」，這是自古以來，老祖宗給我們的一句名言，許多人亦因此致富。
- 歷經金融海嘯以後，人們開始省思：因房地產的泡沫化，導致日本失落的20年；此次金融海嘯，亦起因於美國的次級房貸。
- 中國大陸的打房，台灣的奢侈稅等等，都說明了房地產將不再是好的投資理財工具，但它扮演著遮風避雨的角色永不會改變。
- 台灣再過幾年後，人口將呈現負成長，房子的需求亦相對下降。

不動產活化的理財案例
TOPIC 4

不動產的優點是可以自住保值，同時可以累積個人信用，更可以享受增值的利益，但由於不動產的缺點就是變現慢，因此如何活化就變得很重要。而不動產資產活化，就是要使其產生更靈活的投資運用。

下面有兩個案例，可以說明妥善規劃與活化不動產資產是有必要的。

案例1：未及早做好規劃實例

據報載，有位多筆土地的老伯，因家屬繳不出遺產稅，導致土地遺產被拍賣，這就是資產沒有提早規劃的結果。

案例2：不動產活化實例

有一對退休的公務人員夫婦，由於退休金投入股市，一不小心全軍覆沒，導致每個月連基本生活費都出現問題，面對此不幸的遭遇，只好將房屋辦理貸款，購入「高收益固定收益型的金融商品」，除了用以支付銀行利息外，每月還能多一筆資金充當生活費。經不動產活化轉換後，目前已生活無憂，這個案例，就是運用不動產活化的理財模式。

Chapter **6** / 股票篇

殺戮戰場

　　在股票市場獲利是許多人的期待，但是長年以來，有多少人淚灑股票市場？！富貴必得險中求嗎？投資散戶80%~90%都是輸家，本篇將告訴你贏的策略在哪裡。

股票與證券市場

股票是一種有價證券，是股份公司為籌集資金，發給投資者作為公司資本部分所有權的憑證。以此成為股東，獲得股息和股利，並分享公司成長或交易市場波動帶來的利潤，但也要共同承擔公司運作錯誤所帶來的「風險」。

股票證券是讓「長期資金需求者」（企業或政府）與資金供給者（投資人）從事交易的一座橋樑，資金需求者為了迎合資金供給者的偏好，乃以發行資本證券（股票）來換取貨幣使用權，另一方面資金供給者，可以各憑財力大小，來認購此一有價證券（股票）。同時在這過程中，往往還需要中間機構（證券商）來主辦承銷業務。

TOPIC
2

台灣證券市場的回顧

💲 回顧歷史的高點

　　台灣證券市場有三次上萬，以及一次挑戰萬點未果的經驗。三次站上萬點分別為1990（79）年的12,682點、1997（86）年10,256點、以及2000（89）年10,393點；一次挑戰萬點但沒有成功，時間則為2007（96）年的9,859點。這些高點的數據熟為人知。

💲 回顧歷史的以低點

　　這一些數據其實也值得討論，1990（79）年2,485點、1992（81）年3,098點、1995（84）年4,474點、1999（88）年5,422點、同年6,771點；2001（90）年3,411點、2002（91）年3,845點；還有2008（97）年金融海嘯的3,955點。

台灣股市加權股價指數的歷史

年份	股市指數高點	股市指數低點
1990（79）	12,682點	2,485點
1992（81）		3,098點
1995（84）		4,474點
1997（86）	10,256點	
1999（88）		5,422點
2000（89）	10,393點	
2001（90）		3,411點
2002（91）		3,845點
2007（96）	9,859點	
2008（97）		3,955點

　　股價指數表示台灣經濟景氣循環的過程，而將這些高點、低點的股價指數表格化，是因為這些數據也代表了每個時代的產業變遷的意義。

第一次上萬點

　　以第一次上萬點的經驗來看，當時是一個股票市場瘋狂的年代，由於當時資訊不對稱的情形相當嚴重，且在上市股票數量較少的情況下，市場資金一波波的進場，造就了當時的紡織股、金融股、營建股、資產股等一片榮景。

　　有些老一輩的股民也許還記憶猶新，當年的股王「國泰金」站上1,975元，幾乎觸擊到2,000元的價位，就可以想見當時的股票市場有多瘋狂，現在的「國泰金」約在40至50元之

間震盪。

然而在資本失控且基本面支撐力道薄弱的情況之下，股票價值與公司基本面漸行漸遠的背離情況愈形嚴重，於是便有資產泡沫與股市泡沫的成型。

1990（79）年1月開始，從最低點9,595，單月大漲近2,500點觸及高點12,302後，隔月2月在看到12,682後指數隨即開始崩盤。在這個指數大漲的過程中是由金融股上衝帶上指數高點，但其實許多股票早已漲不動，在大盤指數到達高點前就已經先見高點。下跌了8個月後，在同年的10月見到最低點2,485，8個月的時間台股指數跌掉9成10,000多點，這是台股史上最慘烈的戰役，同年政府為了穩定股市匯市，引進外資。

$ 第二次上萬點

而1997（86）年是台股第二次上萬點。 由於1990年的股市崩盤後，仍有許多產業外銷狀況與基本面良好，唯獨股價漲不動，於是指數在近6年反覆測底之後，外資開始買進權值股，使得股市一路上漲15個月且上漲5,000多點，於1997（86）年8月碰觸到10,256的高點。隨後又開始崩盤，修正了一年半的時間，於1999（88）年2月來到5,422的低點。

$ 第三次上萬點

由於當時全球科技與網路業開始急速成長，加上隔年2000（89）年面臨總統大選，科技股開始領軍以及科技集團

股開始進行產業上下游的整併，於是又開始了連續13個月的漲勢，漲幅將近5,000點，將1997（86）年的跌幅全數漲回。之後又開始全面性的崩跌，無論是傳產，營建，塑化，科技股幾乎無一倖免。

💲 2000年以後，美國股市的科技泡沫、911、SARS，全球災害連連

2000（89）年，由於美國股市的科技泡沫化造成台灣股市崩跌，同年9月11日美國遭受恐怖攻擊，指數於當月來到3,411的低點。雖然跌幅沒有超越1990（79）年的萬點跌幅，但是實際上民眾受傷的廣度與寬度在外資大砍股票的情況下，並不亞於1990年第一次上萬點後的修正。

2002（91）年後的股市修正觸底3,411點後，全球科技與網路整併，於是股市開始止跌回溫。2003（92）年全球面臨SARS的陰霾，原本止跌的股市隨即回檔修正，隨著SARS開始擴大，股市見到4,044的低點。2003（92）年開始，走一個長波段的多頭至2007（96）年，這個多頭分成了三個階段。

💲 2003至2007年分三階段，走一個長波段的多頭

1.第一階段為2003（92）至2004（93）年的反彈

長期壓抑的權值股遭外資嚴重賣超，導致指數與權值股被過分低估。於是法人開始進行回補，指數由4,044點漲至7,135點。2004（93）年總統選舉期間，因兩顆子彈事件，大盤指

數連跌5個月，在8月來到5,255低點，隨即股市進入了第二階段。

2.第二階段為為期將近一年半的指數盤整期

在此期間許多科技股的股票因題材豐富，且受惠於全球電腦技術的普及化與快速成長，科技股成為了全球的當紅炸子雞，而台灣因為電子代工業的盛行受惠。但指數只在5,500點至6,500點中進行震盪，直至2006年初第二階段才結束。

3.第三階段2006（95）年，台灣科技股開始蠢蠢欲動

2006年4月、5月兩個月漲了1,000點，已有試探的情況，但因陳前總統的政治事件出現，指數短暫回落，碰觸到6,232點，此為第二階段盤整區的起漲點。之後由於高價科技股大行其道，於是科技股蓬勃發展，帶領全球消費，同時間美國在科技泡沫化後，於2004年以來首次升息，並且在長時間升息的狀況下美元相對保值，全球熱錢擁入。於是美國房地產市場蓬勃發展，隨即影響至歐元區以及其他成熟型市場。在科技與不動產的發展下，使得股市連續推升了15個月，由6,232點開始了3,500點的漲幅至9,807點。

2007（96）年10月台灣股市在科技與不動產的主要國家──美國的影響之下見到9,859的高點。在原本股民預期的萬點行情沒有出現的情況下，許多長期投資科技股的投資人面對眾多科技股的歷史高點（捨不得賣），開始套牢至今。於是第三階段結束。

$ 史上最大的金融海嘯

　　2008（97）年之後，全球因為次級房貸影響，加上雷曼事件的爆發，美元資產崩跌造成美元流動釋出，導致全球商品大漲，全球開始進入急速通膨。然由於經濟基本面支撐力道不足，在消費者開始緊縮消費的狀況下，全球快速地由通膨進入了通縮（急凍）。

　　這次的經濟影響，是自1929年全球經濟大蕭條後，有史以來最嚴重的一次，擴及到全球的消費者以及生產者。於是全球開始進行振興方案，由美國帶頭的7,000億美元拯救產業，大陸的4兆人民幣救市，台灣也舉債發行消費券，刺激消費拯救GDP，以避免通縮的惡性循環。由於全球同時間進行刺激方案，雖然急速拯救了全球陷入經濟衰退的危機，但如此大幅度的寬鬆貨幣政策，所帶來的後遺症將會不斷地延續，其影響恐怕就像日本的核災，既深且遠！

智富筆記

- 在股市進出，會致富嗎？20年來，台灣股市有三次上萬點的機會，你獲利了嗎？如果沒有，應該不適合在股市進出（短線買賣進出）。
- 投資股票，買進的時點很重要，要選對進場時機，也要選對股票，並長期持有。

股市怎麼做才會贏？

前一個主題，我們回顧了台灣股市的歷史與指數高低點，以及各個時期發生的事件，發現投資與全球經濟是息息相關的，除此之外，還要面臨未來的不確定性。看來股票市場除了投資的風險外還要面臨系統性的風險。那麼，到底要如何做才可以在股票上獲利呢？

我們探討進出股票市場的兩個基本功：基本分析和技術分析。

$ 一、基本分析

基本分析是一種較為傳統的方法，先觀察總體經濟環境的各種指標，再對比各上市公司之盈利增長、發展潛力、市盈率及年報數據等，讓投資者預測各上市公司之未來走勢。

事實上所有的研究與分析工作，其目的終歸在於做出買貨、持貨或賣貨的決定，能有效地將研究分析工作轉化成為價格走勢的變化才是最重要的事。但是究竟有多少訊息已被市場

消化呢？有多少市場期望真正反映在價格上呢？當一些不能透過基本分析作出有效判斷的全新數值出現時，投資者又該如何處理呢？因此，我們便把焦點轉到另一個金融產品分析的範疇——技術分析。

基本分析的盲點

　　基本分析在股票上，主要是從產業的上游到下游做整段的分析，之後再分別以上游及下游個別公司的訂單、營收的變化作為判斷依據。因此基金公司的研究員，會針對預估的營收內容做出投資報告來交予經理人，作為買進股票的判斷依據。

　　但這之中會有一個重大的缺失，通常個別公司的預估營收都是以今年的整體營收為依據。但是明年的景氣以及總體經濟的狀態會如何變化是很難預料的。好比說2006年全球都處在一個景氣榮景的狀況下，又有誰能預料2007年次級房貸會帶來金融業的大災難呢？

　　因此這些分析一旦遇上了系統性的風險，全球變成空頭市場趨勢，一切的基本分析都將無效。特別在景氣循環的觀察中不難發現，當股票上漲達到滿足點後，再遇上系統性風險時，下跌速度是上漲速度的3～6倍。因此有技術分析學派就提出基本分析無用論，因此分析有它的盲點存在。

二、技術分析

　　技術分析相對於基本分析，不一樣的地方在於：技術分

析是直接針對標的物的每日、每週、每月甚至每年的價格走勢
以及圖形，做軌跡趨勢的判斷，省略了基本分析的層層分析方
式。透過歷史價格預測未來價格的走勢，其工具稱為價格圖表
或走勢圖。技術分析適用於所有受供需影響的金融產品，如股
票、期貨、商品、指數及外匯交易市場。

💲 技術分析的盲點

　　技術分析是一種觀察價格走勢的軌跡，再根據過去的經驗
以及交易的理論做出的一種主觀判斷，我們可以用主觀的判斷
做出投資決策。

　　在台灣的交易市場上，很多人特別相信這種方法；因為
這種直接針對價格的分析方式，可以輔以一些技術指標作為進
出場的操作依據，也可以省去許多基本分析所花費的時間與精
力。技術分析通常是短線操作的投資人使用，因為賺賠的速度
很快。而這類的投資人因大都講求短線的報酬，所以偏好使用
這類的分析方式。

　　但是此方法的缺點是太過主觀，很容易因個人的情緒、
精神狀況、思考邏輯的變動而影響價格的決策。因為主觀因素
過大，賺錢雖然快，但賠錢的速度也相對地快很多，因此這
類的投資人，對於盤勢的看法也通常都是侃侃而談，不容易
聽進別人的忠告，更容易有心理疾病而不自知。例如：20世
紀在美國交易所叱吒風雲的成功投資人傑西・李佛摩（Jesse
Livermore），他曾經破產5次以上，所以練就了一身操作的

手腕，但也因此導致心理壓力過大，最後以自殺的悲劇收場。

當然仍會有投資人成功的案例，但是市場上仍然需要幾十萬人甚至百萬人，才能造就一個成功的投資人，而在這過程中有多少投資人是賠錢收場呢？也因此，有人仍舊提出了技術分析無用論的觀點。

三、基本分析與技術分析之交互運用

綜觀以上兩種最常為人使用的分析方式，各有其優缺點，但由於對投資標的之切入點的不同，故得以互相彌補。而基本分析及技術分析在基金經理人的運用上也是交互使用，先從總體經濟、產業的營收與預估值等基本面下手，最後再由技術面價格走勢的判斷，作為進出參考的依據。

智富筆記

- 學院派著重於基本分析；市場派著重於技術分析。
- 長線的投資者較重視基本分析；短線的投資者較重視技術分析。。

TOPIC
4

股市進場的
時機選擇

前一篇主題寫出了台灣股市的高低點，其實我們可以發現其中的高點與低點的發生，都起因於經濟景氣的波動，爆發點也都來自於某些事件的發生。經濟自行進行修正與轉變是一定會發生的，但是在修正的途中，當真正的低點來臨時，投資人都會因心理的恐懼而不敢進場。

　　這裡要強調的是，回顧過去的股市進行修正的途中，似乎很少看到指數就此消失，原因在於指數是由大型的權值股所組成，通常大型權值股的公司價格與成交量是影響指數漲跌的主要參數，只要大型權值股沒有營運的風險，那麼指數價格走勢就只會修正而不會消失。既然過去的經驗告訴我們指數不會就此消失，那麼在指數低點的時候反而就是最好的進場時機，善用指數修正未來才能有獲利空間。

一、善用低點的時間點作為長線投資的布局

年　份	股市指數低點
1990（79）	2,485點
1992（81）	3,098點
1995（84）	4,474點
1999（88）	5,422點
2001（90）	3,411點
2002（91）	3,845點
2008（97）	3,955點

　　歷史數據告訴我們歷年來的股市低點，1990年的2,485點、1992年的3,098點、1995年的4,474點、2001年的3,411點、2008年的3,955點，都是我們最好的進場時間點。善用低點的時間點作為長線投資的布局，勝率會比許多好的標的或產業高出許多。

　　歷史告訴我們經驗，統計告訴我們機會，前面兩篇主題已經讓投資股票最賺錢且勝率最高的方法呼之欲出。雖然有許多人也發現到這個道理，但是在買進時心理壓力依然很大，其一因為怕賠，其二就是不知道要從何下手。

二、標的物的選擇

　　我們觀看台灣股票的市場狀況，到目前為止上市加上櫃的股票大約有1,000多家，在這些股票當中有些是資本額上千億大型股，有些是資本額上百億到幾十億中型股，也有資本額3至5億的小型股，但不是每家公司的股價都會在台灣指數見到

低點後，就跟著指數開始反彈。所以股票大致上可以簡單地區分為指數連動股與不連動股。

連動的股票又分為「權值股」與「中低權值」的股票。例如：台積電、中鋼、中華電、台塑、南亞、台化、台塑化等，我們要挑選的標的非常簡單，目標就在這些權值股上。權值股中也有績效好與績效不好的差別，意即公司營運狀況也有分好與不好的。因此在這樣層層劃分的情況之下，能選擇的標的就相對地清楚很多。

例如：台積電、中鋼、中華電、台塑、南亞、台化、台塑化，這些股票不僅為證交所編製的「台灣50成分股」內的股票，而且是在台灣50當中，不論毛利、營收、配息、權值、籌碼等各方面都較為安定，適合作為長期投資的股票。

智 富 筆 記

- 股市上萬點是災難的開始，回顧台灣股市三次上萬點的紀錄，每次都在上萬點後的數個月或一、兩年內，股價指數都會面臨腰斬的命運。
- 當極度樂觀及成交量極度放大時，這往往是反轉的訊號。

TOPIC
5
買賣股票還是
投資股票

在台灣，股票市場大約有800萬的股民，從民國76年迄今大約20餘年，從過去指數不到1,000點到目前指數，這些年裡，有些人賺到大錢，有些人賠光，甚至淪落到「跑路」。許多人對股市是又愛又恨，因為股市中存在著太多的不確定性。

許多人喜歡將錢投資在股票市場中，我們透過以下方式來檢驗台灣的股民們，究竟是在短線買賣、炒作股票，還是真正地在投資股票呢？

$ 一、短線投機心理，致命的吸引力

很多人把股票當作唯一的理財工具，原因其實很簡單，因為股票好賺，在買賣的過程中只要挑選到好的標的，很容易在一兩天內就賺到10%，在運氣好的情況下甚至可以買到短時間獲利30%的股票。

但我們要探討的部分是，這種高獲利股票經常出現嗎？如

果出現了，手中是否能持有這些股票呢？如果一再重複看到上漲的股票而沒買到股票，那麼這樣的資訊可以說明這個人不適合炒短線。有很多人嚐過甜頭，所以玩股票相當地積極，對於漲跌也非常地有自己的看法與做法。

但其實炒短線的投機客，股票進場的時間勝率也只有50%，因為不是漲就是跌，漲了的話就賣，跌了有些會出場，有些投機客則不會。所以要讓每次買賣股票都賺錢，是相當不容易的事，且短線進出頻率高的投機客，所要付出的手續費成本相對地也比一般人高出許多。

有些投資人在操作股票的時候，知道股票會起起伏伏，尤其在漲勢開始前股票都會盤整，所以許多投資人就會刻意持有一段期間。因為在等候的途中，每天都有不同的強勢股，因此做短線的投資人，很容易抱不住股票而轉追別的股票。也因此在賣掉手上的股票後，股票隨即起漲的例子比比皆是。

以上這麼多的敘述僅在描述一個狀況，就是沒有一個人可以在股市當中每天賺到錢。如果買賣股票這麼容易就可以賺錢，那麼這25年來的股市應該會造就相當多的富翁才對，但是看看那些已經投資股市20多年的股票族，為什麼有80%至90%都是輸家？為什麼當年股市的四大天王，下場都很慘？

💲 二、少數的成功案例

在這個市場上短線操作股票，能賺錢的人其實不多，這些人身上都有一個特質，就是如果他們看不對股票就會寧可賠錢

賣，再找機會買有潛力的股票。投資者應想想自己是不是真的做得到停損這個動作，如果做不到，那就不適合做短線進出股市。

以張松允為例，張松允是少數在台灣股市幾乎每年操作股票都能賺到錢的投資人。他靠著特殊的看盤模式與操作方式，在幾次股市崩盤的時候大賺空頭財，而平時多頭的時候則是大賺股王財。曾經他操作股票與期貨、選擇權，使得他的資產一度上看10億，但他最初的成本只有30萬。

他也曾經在自己的自傳中提及到，在2004年的時候，因319槍擊案，在隔天開盤日就賠掉上億的資金。一般人非像他們一樣經驗老道的投資人，是更難以想像那樣的心理壓力的。這樣大部位的投資在一般的投資人當中是很難辦到的，他在多頭的時候，大買股王操作，當預測漲勢已經接近末段，就轉而作大部位的放空指數。

💲 三、華山論劍下，有多少人能夠真正成為武林盟主

想當專業的投資人，如果以金庸的小說比喻，華山論劍下，有多少人能夠真正成為武林盟主呢？更何況這些武功高強的武林盟主可是每年都要戰戰兢兢的練功研究，其中的辛苦可是不為人知的。

我們回顧投資股票市場的股民，在景氣好的時候投資股票都賺錢，景氣反轉向下的時候卻會如同死守四行倉庫般的抱著股票不放，這就違背了順勢操作股票的原理，所以每次空頭來

的時候，由於股票下跌的速度比上漲的速度快很多，如果股票跌30%，就要漲到45%才能回本。根據技術分析的經驗，跌30%套牢的股票，如果沒有強勁的基本面支撐，通常很難回到高點的水位。

　　所以也難怪已經回檔太深的股票會讓許多的投資人都面有愁容，怨天怨地怨政府，甚至抱怨國安基金太晚進場護盤，如此又怎麼能賺到錢？更何況經歷了這麼多次的萬點行情，究竟又有多少人能靠著操作股票持續往上走？

💲 四、就長期而言，大部分的股民都是賠錢的

　　實際上就長期而言，大部分的股民都是賠錢的，相信很多人對這樣的描述會感到懷疑，我們怎麼能夠一口斷定大部分的股民都是賠錢的？又該如何分辨？其實只要觀察股市成交量便能得知。

　　假設很多人都靠著股票賺錢，那麼在2000年的時候股市成交量單日就已經可以達到1,000億台幣左右了。在許多人都賺錢的情況下，市場的資金應該是相當充沛的，成交量應該能夠逐步成長，但為何在景氣好轉的今日，成交量卻反而在1,000億台幣附近徘徊遊走？

　　這就反映一種狀況，那就是許多人的資金到目前為止都還套牢在股票市場裡面，因為無法停損，所以資金凍結，才會在長時間的情形下造成股市量能至今僅維持在1000億台幣的水準上。

五、股票要如何操作才會賺錢

投資股票相對於買賣股票，有些人沒有辦法區別，但這裡所要講解的股票投資，其實是要闡述長時間投資在獲利穩定的權值公司，不僅風險小，甚至還能在系統性風險出現的狀況下也不用擔心手中的持股。

由下表可以得知長時間投資在這些股票中，不要去操作股價，而僅賺該公司的股本加上股息年化報酬率平均約有10%。

	A	B	C	D	E	F	G	H	I	J	K	L	M
1	年份	台塑		南亞		台化		台塑化		中鋼		中華電	
2		累計配股	累計配息	累計配股	累計配息	累計配股	累計配息	累計配股	累計配息	累計配股	累計配息	累計配股	累計配息
3	99												
4	98	2.26	34.10	2.22	33.95	1.94	33.95	1.11	22.41	1.44	33.79	1.03	38.47
5	97	2.26	32.30	2.22	33.15	1.94	33.05	1.11	21.21	1.41	32.49	1.02	34.64
6	96	2.26	25.60	2.22	26.45	1.94	26.05	1.11	14.51	1.38	28.99	1.02	30.38
7	95	2.23	21.20	2.22	21.45	1.91	21.25	1.08	10.11	1.35	26.21	1.00	26.80
8	94	2.14	17.10	2.22	17.75	1.81	16.05	1.02	5.41	1.30	22.46	1.00	22.50
9	93	2.11	13.50	2.22	14.15	1.73	11.55	1.00	1.80	1.26	18.56	1.00	17.80
10	92	2.08	11.70	2.20	12.35	1.65	9.15			1.25	15.56	1.00	13.30
11	91	2.01	10.50	2.17	11.15	1.59	7.55			1.23	14.16	1.00	9.30
12	90	1.94	9.80	2.09	10.45	1.56	6.95			1.20	13.36	1.00	5.80
13	89	1.88	8.80	2.03	9.35	1.53	6.15			1.18	11.86		
14	88	1.82	7.90	1.97	8.35	1.49	5.45			1.13	10.56		
15	87	1.68	7.20	1.80	7.75	1.43	5.05			1.03	8.06		
16	86	1.59	7.20	1.69	7.75	1.39	5.05			1.00	6.96		
17	85	1.49	6.30	1.57	6.65	1.33	4.70			1.00	6.96		
18	84	1.38	5.20	1.46	5.50	1.26	4.05			1.00	5.71		
19	83	1.30	4.10	1.35	4.35	1.22	3.40			1.00	4.24		
20	82	1.21	3.20	1.24	3.30	1.16	2.80			1.00	3.15		
21	81	1.11	2.20	1.12	2.20	1.08	2.10			1.00	2.49		
22	80	1.00	1.10	1.00	1.10	1.00	0.90			1.00	1.40		

		台積電		宏達電		聯發科		大立光	
1	年份	累計配股	累計配息	累計配股	累計配息	累計配股	累計配息	累計配股	累計配息
3	99								
4	98	4.83	14.13	2.60	113.00	2.19	89.55	1.64	56.70
5	97	4.82	11.13	2.30	86.00	2.18	75.55	1.62	46.70
6	96	4.82	8.10	2.00	52.00	2.13	56.55	1.60	36.90
7	95	4.81	5.10	1.80	25.00	2.03	41.55	1.55	25.50
8	94	4.76	2.60	1.60	11.00	1.93	30.55	1.50	18.50
9	93	4.62	0.60	1.40	6.00	1.75	20.55	1.40	14.00
10	92	4.54	0.00	1.20	3.00	1.40	12.00	1.30	8.00
11	91	4.44	0.00	1.00	1.00	1.00	4.00	1.00	3.00
12	90	4.04	0.00						
13	89	3.78	0.00						
14	88	3.55	0.00						
15	87	3.10	0.00						
16	86	2.60	0.00						
17	85	1.80	0.00						
18	84	1.00	0.00						
19	83	0.00	0.00						
20	82	0.00	0.00						
21	81	0.00	0.00						
22	80	0.00	0.00						

　　以上這幾檔平均報酬10%以上的獲利，雖然比不上那些靠操作股票，賺錢賺上幾百倍的高手，但至少可以在不用太過擔心行情以及全球變化等不確定的情況下，達到每年穩定地將資本財輕鬆賺入口袋的一個好辦法。

　　很多人對於短線操作股票愛不釋手，這是人性，因為我們總會希望透過操作的方式快速地大賺資本財。在這裡建議讀者可以讓金錢分工，並且以資產管理的角度來看，面對未來還有退休後的生活要過，最好能將資產做適當的配置。所以喜歡操作短線的投資朋友，除非很有把握未來一定會賺到買賣價差，否則我們建議，短線操作只能占資產配額的少數比例。

智富筆記

投資股票贏的策略：

1.要長線投資股票，而非短線買賣股票。

2.要善用低點的時間，作為長線投資布局。

3.要分散持有中低價位的績優權值股。

4.善用專業經理人，定期定額買進績效良好的基金。因為好的基金，是一堆好的股票的組合，由於基金資訊透明，又有評比可供依循，近年來法人投資者愈來愈多，相對的小散戶愈來愈少，投資有專業分工化的趨勢。

TOPIC 6 歷屆股王的天價與興衰

附上歷年股王的歷史最高價與2010年底的價格，供投資朋友參考：

- 78年股王國壽每股最高1,975元，2010年底價格53.1元。
- 同年台火1,420元，2010年底價格14.8元。
- 79年股王華銀每股最高455元，2010年底價格24.3元。
- 80年股王欣欣每股最高320元，2010年底價格29.7元。
- 81年股王厚生每股最高236元，2010年底價格33元。
- 82年股王榮運每股最高205元，2010年底價格28.5元。
- 83年股王華園每股最高398元，2010年底價格29.3元。
- 84年股王台積電每股最高196元，2010年底價格71元。
- 86年股王華碩每股最高890元，2010年底價格277元。
- 88年股王廣達每股最高850元，2010年底價格61.2元。
- 89年股王威盛每股最高629元，2010年底價格31.4元。
- 90年股王禾伸堂每股最高999元，2010年底價格37元。
- 91年股王聯發科每股最高783元，2010年底價格417元。

- 92年聯發科蟬聯股王，每股最高434元，2010年底價格同上。
- 93年股王大立光美股最高469元，2010年底價格725元。
- 94年股王茂迪每股最高713元，2010年底價格107.5元。
  歷年股王多寂寞，引以為戒！
- 95年股王宏達電每股最高1,220元，2010年底價格992元。
- 96年股王益通每股最高714元，2010年底價格47.8元。
- 96年伍豐每股最高1,085元，2010年底價格59.4元。
- 97年宏達電再度榮登股王寶座每股最高888元，2010年最高價格992元。
- 98年聯發科榮登股王寶座每股最高590元，2010最高價格590元。
- 99年宏達電再度登上股王寶座，至2010年底為止每股最高價格為992元。

　　附上數據說明股票沒有永遠只漲不跌的特性，漲多了就是會看到高點。當價格屢創新高，其中究竟代表著什麼意思？歷年股王多寂寞，引以為戒！

　　談到這裡，舉兩個例子做推敲，如果在大盤上漲的途中，你手中所持有的股票正在獲利中，你賣不賣？無論你的答案是不是肯定的，請再假設如果你是基金的經理人，那麼這兩個角色的決策會不會一樣呢？

　　再舉個股票的特性與現象，股票是漲得快還是跌得快？這兩個問題沒有絕對的答案，卻很值得投資人仔細思考。

　　如果沒有辦法思考其中的問題所在，但你還在做股票或者

追逐股票消息，那麼風險是相當大的。以安全性考量，選擇基金的方式做投資，對你的資金會相對性地更有保障（詳見本書基金篇）。

- 高處不勝寒，歷居股王多寂寞。根據歷史資料顯示，高價追逐股王的結果，多數下場不堪回首。
- 根據統計，百分之80至90%的小散戶都是輸家，市場上「老師」很多，但「老輸」也很多，他們好似孿生兄弟，亦步亦趨。
- 股票是資本市場的長期投資工具，但多數人卻把它拿來當作短期買賣的投機工具，在許多股市分析節目推波助瀾之下，更易誤導投資者。
- 投機是賭機率，在投機市場，贏是偶然，輸是必然，投資者應戒慎！

Chapter 7 / 基金篇

賺進全世界的錢

　　為什麼要透過基金投資？何不自己操盤？道理很簡單，如果你要聽一首很棒的鋼琴獨奏，你會希望自己從頭學習？還是花三千元新台幣，坐在國家音樂廳前排，由世界知名的鋼琴家，用最好的鋼琴為你彈奏？

　　基金是一個成熟的代客操作機制，是一架帶你進入全世界各地不同投資市場的空中巴士。任何投資只要長期維持一定利率以上的回報，就可以讓人在退休之前輕鬆地累積財富。

認識基金

一般人所稱的基金，其實就是共同基金。共同基金是一個成熟「代客操作機制」的簡稱。意指由專業的證券投資信託公司募集大眾資金，聘請專業經理人代為操作管理，其投資的績效與風險，由所有投資人共同承擔，並以發行股份或受益憑證的方式，來表彰投資人對該基金的所有權。

💲 基金的起源

一般人對共同基金的了解僅止於「很多人把錢委託交給專家操作股票或債券」。其實共同基金源自英國，共同基金（Mutual Fund）是美系國家的說法，歐洲則多採用單位信託（Units Trust）的英國說法。台灣的投信業係採用美式基金型態。

💲 台灣基金市場的發展

台灣共同基金市場雖然起步較晚，但發展迅速，於民國

88年時國內已有十七家投資信託公司，幾乎沒有一個財團缺席，現今約有四十家投資信託公司，基金的投資模式可謂是全民運動。

基金的安全性

共同基金的管理機制，可說是金融市場中最嚴謹、最縝密的。由下圖可看出，參與管理機制者有：投信公司、會計師、金管會及保管銀行等，共同為投資者負起安全維護責任。

共同基金之運作方式及保障

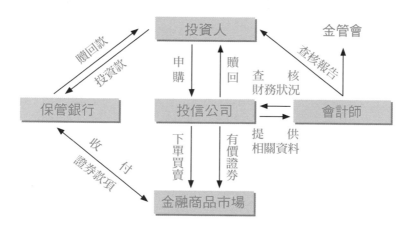

基金成立的要件

1. 特定標的：共同基金一定會有明確的市場投資標的。
2. 投資經理人：資金的操作績效端視基金經理人的功力。
3. 託管銀行：道德風險是所有機制中最重要的一環。投資人必須設防基金經理人監守自盜，所以基金經理人只有

資金的操作權，不會有「錢的保管權」。錢的保管權通常委由銀行保管。

4. 會計師計算淨值：共同基金的淨值，通常是每天、每週、每月結算，有些則是每季結算，視不同的基金性質而定。計算出的淨值會公開於相關網站（附一：淨值查詢相關網站）。

5. 招股章程或公開說明書：每檔共同基金的發行內容細節都必須明確地揭露在招股章程或公開說明書中。

6. 註冊（Register）：共同基金成立一定要有一個註冊地，以受當地主管機關的監督（附二：基金註冊查詢網站）。

若符合上述要件你就可以確定是「安全」的共同基金，因共同基金的安全性來自於「管理機制」的環環相扣。

TOPIC **2** 基金的種類

$\large 基$金依交易及發行方式、投資標的、投資區域、投資目的及註冊所在地的不同及募集方式，區分為下：

💲 一、基金依交易及發行方式區分

基金依交易及發行方式分為「封閉式」、「開放式」兩種。開放型共同基金，是指可以隨時以基金淨值為價格買進基金，而基金投資人也可以要求基金管理單位買回，所以基金的總金額常會變動。封閉型共同基金，又稱「固定型共同基金」，是指基金的總金額不變，如想購買，必須向原基金持有人購買；同時也不能要求基金管理單位買回。也就是說，這類型基金的買賣行為，必須在集中市場進行。

💲 二、基金依投資標的區分

舉凡任何具有投資價值、並具有市場流通性的商品，都可成為投資標的，例如股票、債券、貨幣、認股權證、能源、黃

金、期貨、各種金融衍生性商品、房地產等。例如：××股票型基金、××黃金基金。

三、基金依投資區域區分

分為全球型、區域型、單一國家型基金。例如：××中國成長基金、××東協基金。

四、基金依投資目的區分

分為積極成長型、成長型、成長收益型、收益型、平衡型基金等。

五、基金依註冊所在地區分

分為本國基金（Local）、海外（境外）基金（Overseas）。（附三：境外註冊地）

六、基金依募集方式區分

分為公募基金及私募基金。（附四：私募基金）

TOPIC
3
輕鬆累積財富

古時候兩軍交戰，想打勝仗得靠兵法，說穿了，就是要有策略。現在想利用基金賺錢，得先弄懂基金的投資策略，一旦弄懂了，那麼你就可以駕馭共同基金經理人，馳騁全球的投資市場。有了這樣的認識，投資人只要掌握幾個簡單策略，便可輕鬆地利用基金累積財富。

 ## 一、共同基金應有的投資策略

一個訓練有素的人在做決策的過程，對於其議題的考量、狀況的評估，一定是由大而小逐一縮小範圍，井然有序地建立方向。相同的，成功的投資人亦如此。一個成功的投資策略應依下列優先順序逐一進行：

1. 規劃風險組合：人們投資時最容易犯下的錯誤是貪婪與恐懼，積極的投資人想要賺到最多的錢，保守的投資人則擔心損失現有的錢，大多數的人都時常在這兩種情緒中掙扎。所以利用風險承受能力來評估你可以輸到什麼

程度，是規劃投資策略的第一步。

2. **選擇區域市場**：世界各國都會有個別的景氣循環，使得資金在市場中呈現排擠效應，所以，你必須有能力判斷該區域的經濟趨勢及景氣走向。

3. **選擇投資商品及產業**：產業間會有景氣輪替，因此要有順勢而為的投資策略，抓得住趨勢才能賺得到趨勢財。

4. **選擇基金經理人**：如果你做好了前面所有的判斷，那麼只能得到一半的分數。如果選對了經理人，則能讓你的投資獲利有倍數的效果。

 ## 二、單筆投資股票型基金時，應掌握的四個要領

1. **不要將大筆資金投入經濟前景不明或一灘「死水」的股票市場**：如果大多數的國際投資專家對該市場在未來的二、三年都不看好，就不要輕易躁進。

2. **切忌盲目追高**：不要輕易在股價處於或接近歷史新高點時入場，尤其在一個缺乏基本面支撐的市場。因投機客隨時等待機會獲利了結，意味著後續資金的動能堪憂、熱錢效應即將結束。若反應不夠敏捷，很有可能成為市場最後的套牢者。

3. **不要在本國貨幣持續看漲時，將所有短期資金一筆投入境外基金市場**：如果錢是短期要用，就要考慮匯率持續上漲的風險，是否可能賺了獲利，卻賠了匯差，讓自己白忙一場呢？

4.**不要選擇規模太小的基金**：因規模夠大的基金才有充裕
　的資金足以將投資標的多元化，以達到分散風險及規避
　風險的目的。

 三、定期定額股票型基金的投資策略

　　我們常聽說，去算命的人通常都會問算命仙：「自己將
來老了會不會有錢？」，不論得到的回應是有錢或沒錢，不變
的是，如果我們老了還是沒錢，要靠子女扶養嗎？若子女沒有
能力，那豈不是要淪落當流浪漢？養兒防老時代，已經成為過
去。我們只要抓對五大投資策略，就能做到「輕鬆理財，快樂
致富」！

（一）重視時間價值與複利效應

　　大部分的人都不是含著金湯匙出生，除非中了樂透，否則
年紀大了還能有錢，都是經過長時間的儲蓄累積而來。而定期
定額投資強調的就是時間價值，什麼是時間價值？下表提供一
個不同獲利下的增值比較做為說明。

【複利的效應與時間的價值】

投資時間	每年投入本金12萬	每年複利6%增長	每年複利15%增長	每年複利20%增長
5年累計	60萬	67萬	81萬	89萬
10年累計	120萬	158萬	243萬	295萬
15年累計	180萬	279萬	571萬	823萬
20年累計	240萬	441萬	1,229萬	2,138萬
25年累計	300萬	948萬	5,216萬	13,551萬

1.時間價值

請看15%增長這欄，第15年和第20年的差異，僅差了四分之一的時間，本利和卻差距2.15倍（1229 / 571 = 2.15）

2.複利效應

請看20年累計這列，每年複利15%增長與20%增長的差異，每年單利差5%，本利和卻差距909萬，多了74%（2138 / 1229 = 1.74）

由上表結果顯示，投資人應該了解，唯有長時間與穩定的獲利，才能有效地累積財富。例如：我們可以舉一個暴起暴跌的投資回報情形來說明，一個讓台灣股市90%投資人賠錢的原因，假設其出投入本金：$ 100元

月份	當月投資回報	累積本利和（尚未扣除交易成本）
一	+30%	$ 130
二	+0%	$ 130
三	-30%	$ 91
四	+25%	$ 113.75
五	-25%	$ 85.71

大起大落的報酬率致使曇花一現的高獲利抵不上沖回的資金損失。若我們無法認清這一點，最後所能保有的資產必然和理想中的數字產生相當大的落差！

由上表可以明白股市的養套殺手法：先讓投資者嚐到甜頭後再引誘加碼，讓投資者連本帶利吐出來。一夜致富是每個人都有過的「幻想」，但有毅力堅持長久及穩定獲利的儲蓄（投資），才能實踐成為富翁的「理想」！

（二）定期定額可降低平均持有成本

請用你的直覺回答以下問題，如果你每月定期定額一萬元購買基金，購入時之淨值分別如下：

購買日	購入時單位淨值
七月	10元
八月	8元
九月	6元

你覺得平均單價成本是多少？大多數人的直覺是8元。

正確答案其實是7.66元。

購買日	購入時單位成本	購入單位數	投入金額
七月	10元	1,000單位	10,000元
八月	8元	1,250單位	10,000元
九月	6元	1,667單位	10,000元
累計		3,917單位	30,000元
平均單位成本	30000元÷3917 單位＝7.66元/單位		

定期定額投資的好處是，投資時若基金淨值較低，則可買到基金單位數較多；若價格較高時，便少買一些（若不考量其他因素），因此長期下來，所持有的單位平均成本會較低，是個不錯的投資策略。

（三）波動的正走向市場對定期定額較有利

一個波動且正走向（牛市）的市場，在定期定額的投資策略下，可購得比直線上升的市場更多的單位數，下列圖表為微笑理論。

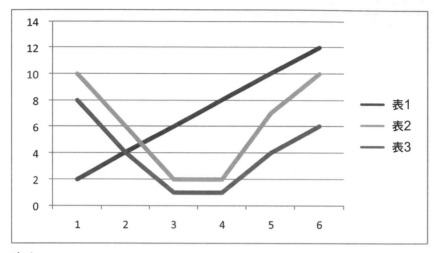

表1

單價	2	4	6	8	10	12	總計	帳戶價值	單位成本
存入額	6,000	6,000	6,000	6,000	6,000	6,000	36,000	432,000	12.00
單位數	3,000	1,500	1,000	750	600	500	7,350		

表2

單價	10	6	2	2	7	10	總計	帳戶價值	單位成本
存入額	6,000	6,000	6,000	6,000	6,000	6,000	36,000	360,000	10.00
單位數	600	1,000	3,000	3,000	857	600	9,057		

表3

單價	8	4	1	1	4	6	總計	帳戶價值	單位成本
存入額	6,000	6,000	6,000	6,000	6,000	6,000	36,000	216,000	6.00
單位數	750	1,500	6,000	6,000	1,500	1,000	16,765		

（四）不分青紅皂白，傻抱一支基金十年是傻瓜

　　定期定額投資股票型基金，唯有在十年當中適時地選對市場、適時地選對產業、適時地選對經理人才能聰明致富！所以投資時判斷選擇適當的市場和適當的產業非常重要，一個欠缺

投資概念的基金投資人，選錯市場、選錯產業、選錯經理人，很難賺到錢。如果再加上執迷不悟地傻抱一支基金十年，那更是錢途堪憂！

（五）投資定期定額基金，需把握六大要領

1. 切忌把所有的錢放在單一市場。
2. 換掉表現不穩定的基金。
3. 勿進入未來景氣不明的市場。
4. 勿將資金投入政治不穩的市場。
5. 不要向同一家基金公司買足所有的基金，或僅只買一支全球型基金。
6. 定期檢視基金績效。

智富筆記

- 初入社會的年輕人，由於風險的承擔程度較高，可以投資於積極成長型的基金；而退休的銀髮族，由於風險承受程度較低，則適合穩定配息的債券型基金。
- 投資人在投資基金前，需先了解每檔基金的投資策略，並配合經濟情勢的變化做出正確的選擇。

TOPIC
4
讓別人為你賺錢

為什麼投資人不自己操作,而要將寶貴的金錢交給投資信託機構呢?這無非是相信專業投資信託機構具備自己欠缺的專業及豐沛資金,將錢交給他們,可以為自己創造出更好的投資報酬率。

所以,只要你相信這世界上有比你會賺錢的人存在,那你只要站在巨人的肩膀上,尊重專業即可。因為基金的組合是來自於一籃子優良的股票,而組合式的基金更優於一般的基金,因組合式基金可做到風險的分散(雞蛋不要放在同一個籃子裡),包括了投資標的的分散、投資區域的分散、投資時間的分散等。

一、投資基金的八大理由

1. 個別投資人永遠看不到投資市場的真相。
2. 投資標的寬廣。
3. 投資市場無遠弗屆。

4. 可將投資風險降到最低。

5. 讓投資者的身份由散戶變成主力外資。

6. 世界級的投資專家搶著為你「代客操作」。

7. 希望控制風險、掌握獲利。

8. 避險。

$ 二、定期定額組合式基金帳戶，是未來時勢所趨

在21世紀的台灣，懂得運用基金理財的投資人，將可取得財富重分配的機會。任何投資都需要專業知識以降低投資風險，然而大部分的人卻少有具備這樣的能力，因此便有資產管理公司或保險公司先行將市面上約5萬檔的基金精選後，再將已精選好的基金，發行定期定額組合式基金帳戶，提供投資人靈活且有效率的投資方式，主要訴求如下：

1. 多元化的儲蓄投資計畫，達成個人中期及長期的儲蓄目標。

2. 彈性定額投資方式，適合個人不同需求。

3. 多樣化的基金選擇，甚至將每一支精選的基金歸類風險等級，以省去投資人挑選時的困擾。

4. 優渥的基金費用優惠、鼓勵長期投資，將投資發揮到最大效益。

個人與家庭，會隨著時間的改變而成長，財務管理也是如此。結婚、生子、換工作、喬遷等都會影響儲蓄與投資計畫。因此，規劃「定期定額組合式基金帳戶」，可幫助我們完成人生各階段之所需。

💲 三、運用「定期定額組合式基金帳戶」可享有下列優勢

1. 由專家推薦，分散風險。

2. 幣別多元選擇。

3. 同時可投資多檔以上的基金，以分散投資風險。

4. 轉換基金彈性大，跨不同基金公司時各檔基金間的基金轉換完全免費。

5. 手續費相對低廉。

6. 「專家」監督基金公司的表現，確保長期投資績效。

7. 不保證獲利，但預期獲利可觀。

8. 投資年期較長，可規避時間及市場短期波動風險。

9. 每月投資金額可變動。

10. 沒錢時可辦暫停繳款。

11. 帳戶資金運用靈活，調度成本低。

12. 資產獨立，高度保障。

13. 強迫儲蓄，對抗通膨。

14. 平均成本效益。

💲 四、制訂自己的投資計畫

基金投資者，可以以定期定額儲蓄方式達成特定目標。例如：退休金、家庭準備金、子女教育金、購屋準備金等。

在歐美國家，用定期定額組合式基金帳戶來規劃退休生活是非常普遍的事；全球人口平均壽命逐年增加，不論男女都有

可能存活超過退休後餘命20至30年。面對更長壽的未來，我們怎能不為將來做好萬全準備呢？此外，由於全球化與高學歷時代來臨，為培養子女具國際觀，到海外攻讀研究所是時勢所趨，但人才培育所費不斐，需及早未雨綢繆，方能達成期望。

智富筆記

- 定期定額投資基金，賺進全世界的錢。
- 投資基金，就是專業分工，藉由基金經理人，間接投資全球頂尖企業的CEO，由他們來幫投資者賺錢。
- 中小企業主可運用基金，架構出第二事業部（投資理財事業部），一方面可分散風險，增加收益，且可利於事業的傳承。
- 慎選績優基金是致富的捷徑。
- 定期定額投資組合式基金，是財富蓄積時期最佳的投資理財工具之一。

TOPIC
5
借力使力，
架構第二事業部

所謂第一事業部，就是本身原有的職業或事業，或原投資經營之企業、公司、行號等；而第二事業部，就是投資理財事業部，是借力使力、靠錢賺錢、成就不必在我的另一個收入途徑。

💲 分散風險、提升獲利

第二事業部的主要功能在於協助第一事業部做風險的分散與獲利能力的提升。在風險分散方面，就是將第一事業部之獲利，運用於基金平台分散投資，避免雞蛋放在同一個籃子裡；在提升獲利能力方面，透過組合式基金帳戶轉投資於全球各大成功的企業，可以分享成功企業家的經營成果。

💲 賺進全世界的錢

我們每天辛苦賺錢存錢，是為了要擁有人生第一桶金。當我們有了第一桶金後，接著就要「投資理財」靠錢賺錢。如果

想要賺得「一勞永逸」的財富，選擇比努力重要，只需要投入心思、時間、選對基金，藉由基金投資即可賺進全世界的錢。

$ 財富傳承，永續倍增

　　全球許多頂尖的CEO，24小時為我們所投資的標的努力工作，我們不必一輩子辛苦工作就能讓自己架構一個「印鈔機」不停地運作。如此一來，不僅可以使財富永續倍增，還可做到財富傳承。因為我們架構的是擁有「持續性收入」的第二事業部。第二事業部的特性，就是這個事業部比第一事業部容易傳承，假若企業家的第二代不想或沒興趣接手原產業時，第二事業部就能適時地發揮它的財富傳承、永續倍增功能。

$ 享受快樂的退休生活

　　透過第二事業部的投資理財規劃模式，不但能創造「持續收入」，且不需負擔或經營營運上的風險成本，能確實做到與第一事業部的風險完全切割，能享受快樂無憂的退休生活。

（附一）淨值查詢相關網站

◎標準普爾

http://www.standardandpoors.com/home/en/eu

◎彭博資訊

http://www.bloomberg.com

◎英國金融時報

http://www.ft.com

◎晨星 Morningstar

http://hk.morningstar.com/ap/main/default.aspx?CLANG=ZH-HK

（附二）基金註冊查詢網站

◎台灣金融管理監督委員會

http://www.fsc.gov.tw/Layout/main_ch/index.aspx?frame=1

◎中華民國證券投資信託暨顧問商業同業公會

http://www.sitca.org.tw

（附三）境外註冊地

註冊地：盧森堡、開曼島、馬恩島、澤西島、百慕達、都柏林、維京全島等，全球約67,000檔。

◎境外基金資訊觀測站──資訊公告平台

http://announce.fundclear.com.tw

（附四）私募基金

　　私募基金是指投信公司在國內向特定對象募集投資資金而成立之基金，所謂特定對象是指：

（一）銀行業、票券業、信託業、保險業、證券業或其他經主管機關核准之法人或機構。

（二）符合下列條件之國內、外自然人、法人或基金（以35人為限）：

a. 自然人

（1）本人淨資產超過新臺幣一千萬元或本人與配偶淨資產合計超過新壹幣一千五百萬元。

（2）最近兩個年度，本人年度平均所得超過新臺幣一百五十萬元，或本人與配偶之年度平均所得合計超過新臺幣二百萬元。

b. 法人或基金

近期經會計師查核簽證之財務報表總資產超過新臺幣五千萬元之法人或基金，或依信託業法簽訂信託契約之信託財產超過新臺幣五千萬元者。

智富筆記

- 運用基金，可投資全球市場。
- 資源的相對稀少性、全球天候的異常，使得原物料相關基金，中長線仍將持續看好。
- 靈活運用基金組合，轉換投資標的。相對低檔時購入股票型基金；相對高檔時，轉換停泊在波動較小的債券型基金，如此操作方式，獲利將相當可觀。

Chapter 8 / 保險篇

一輩子的守候

　　保險（insurance）就是風險的分攤，也可以說是「現金小菩薩」。平常沒事你用小錢拜祂，有事的時候祂用大錢來救你。保險非常重要，在所有的理財工具中，保險具有無可替代的地位，是所有財務規劃中不可或缺的工具。除了可以將我們人生與財務的風險降到最低之外，透過好的保險規劃還能達到「富裕人生，財富傳承」的終極目標。

保險的種類

以一般人生遭遇到的，生、老、病、死、殘來區分保險的種類，可分為六類：

$ 一、生存保險

被保險人於保險合約到期時仍「生存」才給付保險金，期間不幸身故，保險公司不必理賠。

$ 二、死亡保險

被保險人在保險期限內「死亡或全殘」才給付保險金。以保險期限長短分為定期壽險、終身壽險。

$ 三、生死合險

將生存保險與死亡保險合而為一，即被保險人不論在保險期間內身故或到期滿仍然生存，均給付保險金。可以10年、15年或20年為期，也可以達某特定年齡（如75歲）為期。一

般稱為養老保險。

$ 四、年金保險

　　繳費期滿以後，可以每年領取保險金的商品。分為：確定年金（被保險人無論生死，在規定期間領取年金）、終身年金（只要被保險人生存，終身領取年金）。

$ 五、傷害保險

　　保險人於保險期間內，因遭受意外傷害事故，導致其身體蒙受傷害而致殘廢或死亡時，依照保險的約定，給付保險金。意外傷害事故，指非由「疾病」引起之外來突發事故。

　　例如：有高血壓的人因意外事故的發生，沒有明顯的外傷，卻嚇了一跳，引起心臟痲痺致死，這就不在傷害保險保障的範圍內。

$ 六、健康保險

　　被保險人在保險期間內，因疾病、傷害而喪失工作收入或產生醫療費用時，依照約定給付保險金。

1. 健康保險可依照需求選擇定期保障或終身保障。另外癌症死亡率近年來大幅提高，故防癌保險亦是健康保險的一種。

2. 專為慢性疾病而設計的重大疾病及特定傷病保險、長期看護保險亦是健康保險的一種。

TOPIC 2

保險的計算基礎

保險的計算基礎，是依據年齡、性別、保險種類、預定死亡率、預定利率、預定附加費用率來計算。如下表：

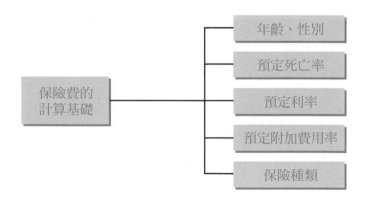

1. 年齡：原則上年紀愈大保費愈貴。
2. 性別：女性壽命比男性長，所以保費通常會比同年齡男性便宜。
3. 保險種類：購買同保額的純保險及生死合險，價格就可能差距好幾倍。

4. 預定死亡率：預定死亡率指的是「台灣壽險業第四回經驗生命表」中所載之各年齡經驗死亡率，稱為預定死亡率。各家保險公司都會依據此表去計算自己的費率。

5. 預定利率：保險費的一部分是準備將來支付保險金而積存在保險公司，公司可將此積存的保費做最有利的投資，故應予以一定比例之折扣。用為折扣的利率，稱為預定利率。

6. 預定附加費用率：係指保險公司為了營運保險事業所需的經費，如業務員薪資、保單印製及物品費用等行政費用，這些營業費用占總保險費之比率就是預定附加費用率。

智富筆記

- 保險是理財規劃不可或缺的一環，除擁有消極避險功能外，尚有退休養老、節稅、財富傳承等積極性功能。
- 保險可讓生者有安穩的成長環境，讓老者可以安享晚年，讓病者就醫不用苦惱，讓死者財富能得傳承，在人們生老病死的四大生命歷程中，都將會有妥善的保障。

理財規劃不可或缺的核心配置

TOPIC 3

現今台灣社會，係處於低利率、高通膨、生育率下降、社會福利不足的環境，由於人類平均壽命延長，退休後仍需面對20至30餘年的歲月，如何做好退休規劃已經是不可避免的趨勢，而「保險」是在全方位理財當中，不可或缺的核心工具之一。經常為理財規劃顧問做為核心配置的工具有：

💲 一、投資型壽險保單

優點：保費便宜、可定期定額，操作得當可預期較高之獲利。

缺點：因採自然費率所以年齡增加保費也增加，同時盈虧自負，若要保人對於所選擇之投資標的專業不足，將造成虧損，不僅無法達成獲利目標，保單亦有失效之虞。

建議：投資歸投資，保險歸保險。投資有波動性之產品，仍以基金較佳，「投資型壽險保單」不適合做為核心配置。

二、年金式壽險保單

1. 固定利率年金

是最傳統的年金險，也可說是第一代的年金保險，最大的特色在於契約上的預定利率是固定的，不管保險公司投資狀況如何，保戶都可按保單約定，每期領到固定金額的年金。

2. 變額年金

屬於投資型保單的一種，保單價值會因投資標的的績效而變動，由於變額年金的目的是退休，因此投資標的的選擇以保守的債券或基金為主要投資標的，故投資報酬率預估會較同屬性的投資型保單為低。

台灣的年金險不似國外之「變額年金」，可投資在公債、共同基金、股票等標的，因此投資價值並不明顯。

優點：保守、穩健，適合退休規劃。

缺點：投資價值不明顯，且在資金的運用上較不靈活。

三、分紅保單

堪稱是「下有最低利率保證，上有無限享利空間」的抗通膨保單，有以下類型。

1. 平準保障型：適合本身沒有壽險保障的人，優勢是活愈久，領愈多。

2. 增額保障型：保障具備增值效果，可抗通膨。

3. 還本型：可做為三代傳承的規劃。紅利跟生存保險金可

用於自已及小孩的退休金、子女教育基金規劃；身故保
險金留給後代，可讓小孩當被保人，還可留給第三代。

4.**養老型**：類似定存觀念，可做為定期險使用，同時兼具
儲蓄與節稅功能。

優點：分紅保單保戶像特別股東，未來有可能比同期的不分紅
保單便宜。

缺點：可能出現沒有分紅的情形，所以慎選一家信譽卓著、品
質優良、獲利能力強大的保險公司至為重要。

智富筆記

• 華倫・巴菲特說：「心態塑造你自己的未來，如
果心態是貧窮的，將來將會是一無所有，如果心
態是富裕的，夢想終將如願以償。」

市場上有一種「退休年金儲蓄分紅保單」在操作上甚為容易且績效良好。

例如：

父親40歲為要保人，為5歲兒子投保。每年繳交保費100萬，10年後期滿，第11年起，每年約可領回65萬當退休金，父親死後兒子繼續領（可領至100歲），兒子死後還可將身故理賠保險金留給孫子。

報酬率分析：

總繳保費為1,000萬（投資成本，10年分期付款），父親35年共領2,275萬退休金，兒子35年共領2,275萬退休金。兒子若100歲時身故，孫子還擁有理賠保障3.7億。

明智的投資標的×複利×時間，創造了驚人的投資報酬率及保障，一張保單造福三代！

Chapter *9* 信託篇

讓你的財富更安全

信託最吸引人之處在於當財富移轉時擁有合法節稅、保有財產掌控權、資產保護及延續、財產適當分配、穩健理財活化財富等優勢及其靈活性。

信託可就情況及個人需求用於不同範圍，所以大多數的高資產人士都將資產轉移到信託的規劃。

而信託最大的特色就是信託財產受到法令隔離獨立保護，是其他金融工具都沒有具備的好處。

什麼是信託

TOPIC 1

$ 一、信託的定義

　　所謂「信託」，依信託法第一條規定：「稱信託者，謂委託人將財產權移轉或為其他處分，使受託人依信託本旨，為受益人之利益或為特定之目的，管理或處分信託財產之關係。」也可以說，信託是一種多元化財產管理制度，是由財產所有人將財產移轉或設定給管理人，使管理人為一特定人之利益或目的，管理或處分財產，同時達到財產保護、資產增值或節稅等功能。

$ 二、信託的起源

　　信託起源於十二、十三世紀英國，當時人民為了規避不合理的封建社會制度，於是在生前就將自己的土地先讓與足以信賴的人，使該人為自己或自己指定的人之利益管理該土地。因此，信託制度的起源，就是對土地財產進行管理的一種做法，

後來這種財產管理的信託，逐漸被用於投資理財方面，使得信託的標的，由從前的土地轉為金錢和有價證券為主的信託。

$ 三、信託的運用

1. 信託運用在投資理財上，可以發揮專業分工和經濟規模效益，委託人將金錢或有價證券交由專家來投資規劃，降低投資風險。

2. 運用在家產分配上，可以防止家族財產的爭鬥，並可交由公正的受託人代為管理。所以一個充分規劃設計的信託，不但能夠永續保存資產，甚至還能從投資中擴大資產。

智富筆記

- 運用信託架構，更可保障財富，信託人可將信託資金委託銀行獨立管理，依信託相關法令規定，享有財產保護、財產掌控等多項保障。
- 信託是一種特殊的財產管理制度和法律行為，同時又是一種金融制度，信託與銀行、保險、證券構成了現代的金融體系。

TOPIC 2 信託關係人

💲 一、委託人

係指提供財產設立信託者。

💲 二、受託人

乃委託人設立信託的相對人，而自委託人處接受信託財產的移轉或其他處分，在法律上成為該財產的名義所有人，並負擔依信託目的為管理或處分信託財產的義務。受託人可為個人或公司，而受託人亦可多於一位。

💲 三、受益人

享有信託財產利益的人。

信託關係人架構		
（信託財產）		（信託契據）
委託人 財產權移轉 其他處分	**受託人** 信託本旨受益人利益 特定目的管理處分	**受益人**
↓ 設立信託的人	↓ 接受信託的人	↓ 享受信託利益的人

簡言之，信託關係可被形容為某人（**委託人**）將一筆金錢（財產權移轉）交與另一位人士（**受託人**），並依照合約（信約契據，信託本旨受益人利益）的條款，為某些人士（**受益人**）保管該筆資產的法律關係。

四、成立信託的基本要素

1. 信託資產必須是可確認的。
2. 受託人必須持有信託資產的法律擁有權。
3. 信託的成立目的及信託資產的行政條款必須明確。
4. 受益人必須是可確認的。

智富筆記

• 信託可享專業資產管理，許多銀行與國際知名資產管理公司都有合作關係，信託人可約定每期領取投資報酬或固定生活費等。

信託的種類

TOPIC 3

信託依設立的原因、信託目的、受託人是否以信託為業、財產管理運用的方式、財產的屬性及設立的方式,可分為:

 一、依信託設立的原因區分

1. 信託依據委託人與受託人間的信託契約設立,稱為「契約信託」。
2. 由委託人以遺囑設立的,稱為「遺囑信託」。
3. 委託人以自己財產權的全部或一部分,對外宣言自己為受託人的信託,稱「宣言信託」。

二、依信託目的區分

設立信託以公共利益為目的者,稱「公益信託」;其他絕大部分以私益為目的者,稱「私益信託」。

💲 三、依受託人是否以信託為業區分

受託人以信託為業所接受的信託，稱「營業信託」；非以受託為業接受信託者，稱「非營業信託」。

💲 四、依財產管理運用的方式區分

1. 接受個別委託人委託，為個別信託契約受益人之利益分別管理或處分信託財產的信託，稱「個別信託」，例如：遺囑信託。

2. 接受信託目的相同的不特定多數人委託，以定型化信託契約將信託財產集中管理運用，再依本金比例分配受益的信託，稱「集團信託」，例如：共同基金信託；委託人或受益人為特定多數人的信託，稱「準集團信託」，例如：員工持股信託。

💲 五、依信託財產的屬性區分

1. 信託時交付的財產為金錢者，稱為「金錢信託」。

2. 信託時所交付的財產為有價證券者，稱為「有價證券信託」。

3. 信託財產為船舶、汽車、機器設備等動產為信託標的，稱為「動產信託」，或以土地及建築物為信託財產的，稱為「不動產信託」，或以無體財產權為信託財產的，稱為「無體財產信託」。

六、依信託設立的方式區分

1. 委託人在生前設立信託，進行財產規劃，且仍可以有修改信託的權利，稱為「生前信託」。
2. 委託人以遺囑方式設立信託，信託的生效日為委託人（及遺囑人）死亡時，稱為「遺囑信託」。

智富筆記

- 隨著金融制度及金融市場之日益自由開放，金融商品的多元化、精緻化乃勢之所趨。信託因具財產管理、長期金融、社會福利、證券化及擔保等機能，故可預期將成為未來新型金融商品的主力之一。
- 透過信託，可讓許多將財產託付他人管理的人安心不少。

信託的好處

信託的最大好處是它的靈活性。信託可就情況及個人的需要用於不同的範圍，所以大多數的高資產人士為了達到資產保護、規劃移民、遺囑認證、節稅、慈善目的等，會將他們的資產轉移到信託的規劃。

一、信託財產具有獨立性與安全性

信託資產受到「信託法」的保護，不受委託人、受託人及受益人之債權人強制執行或抵銷不屬於該信託財產之債務，因此可以讓委託人的財富不因特殊狀況而受到影響。

二、財產公平分配

委託人可以透過信託契約，決定所有受益人利益分配的比例，並在受託人的嚴格執行下，避免因部分家庭成員複雜而產生財產分配的問題。

💲 三、享有合法節稅

傳統的贈與方式，每人每年只有220萬元的免稅贈與額度，超出的部分就必須繳納贈與稅。但是透過信託，利用遺贈稅法中對於部分信託利益之權利的贈與，以折現方式計算的原理可以達到將贈與總額降低，讓財產移轉的稅賦減到最少的效果。適用於不動產及有價證券。

💲 四、保有財產掌控權

財產交付信託後，委託人仍保有信託財產運用的決定權，亦得隨時終止信託契約，取回信託財產，避免將財產贈與子女後，子女揮霍無度之困擾。

💲 五、照顧遺族

信託的規劃，可將委託人的財產依照委託人的遺志，使受託人依約管理並分配給委託人的家人與後代子孫。

💲 六、慈善目的

在很多情況下，一些家庭希望成立基金作為慈善用途，而最理想的模式莫過於成立信託。

💲 七、完整的財產隱私權

信託關係中，因為已將信託財產交託給受託人，因此該財產事務的處理，對外均由受託人名義為之，且基於保密之義

務，將保密條款載明於信託契約中，故可充分保障財產隱私權。

$ 八、信託設計具彈性

信託公司或（銀行）提供專業管理：擁有百年歷史，加上專業的信託團隊，提供一對一的客製化服務，更能量身訂作。包括有價證券信託、保險金信託、不動產信託、安養撫育信託等個人信託業務，可滿足各階段的財富管理需求。

智富筆記

- 許多基金都是信託資金集合管理帳戶，例如台新銀行受託「全球多元ETF信託資金集合帳戶」。
- 運用「規劃型金錢信託」，信託人可以將一定的金額交付銀行，約定小孩在年滿一定歲數以後，才將信託資金交付。在此之前，信託人可自行選擇將信託資金購買銀行的理財商品來穩健增值。

信託的運用與規劃

有價證券信託成為富人節稅的主要工具之一，但信託商品種類繁多，並非僅有節稅一項功能，對多數民眾而言，依據個人需求選擇適合的信託服務，為個人資產進行妥善安排，才是辦理信託的最終目的，信託服務需要「量身訂做」，依照個人的需求來安排規劃。

一、信託服務，可量身訂做

信託業務服務類型如下表：

項目	業務商品別
投資理財	1.國內外基金
	2.國外債券（連動式債券、政府債券、零息債券、公司債券等）
	3.國外ETF指數基金
	4.新台幣結構型商品

個人信託	1.保險金、旅平險信託	7.股票信託
	2.退休安養信託	8.金錢型保險信託
	3.子女教育及安養信託	9.不動產信託
	4.殘障者照顧信託	10.遺囑信託
	5.夫妻財產保障信託	11.公益信託
	6.節稅理財信託	12.其他特殊信託
法人信託	1.公開發行不動產信託	
	2.預售屋價款信託	
	3.企業員工儲蓄信託	
	4.高階經理人退休金信託	
	5.金融資產證券化	
	6.不動產證券化	
	7.生前契約預收款信託	
	8.臍帶血保存處理費信託	
	9.公寓大廈管理基金信託	
	10.其他特殊目的信託（例：提供擔保發行履保信託）	

註：法人信託方面由信託業者提供量身規劃服務

資料來源：國泰世華銀行信託部

💲 例一：善用信託，讓愛不留遺憾

保險金信託是以保險金為信託財產之信託，即（保險＋信託），並依委託人之指示將財產做有效之規劃和運用。人的一生當中，有三種情況最可能造成個人或家庭資產的快速膨脹，一是繼承大筆遺產，二是獲得橫財（如中樂透彩券），三是得到保險理賠給付，此時如果能善用信託的規劃，相信不但能達到保存財產的效果，甚至能造福後代，替子孫創造更大的財

富。

$ 例二：信託，讓父母愛的臂膀無限延伸

遺囑信託實例：有位單親媽媽事先簽訂「遺囑信託」，確保自己身故之後，留下的保險理賠、遺產等資產，在子女30歲之前由銀行（受託人）管理，按月給予生活費、教育費，以防止他人惡意挪用。

據報載：中部有一七旬老翁娶了年輕的太太，擔心身故後兒子不願繼續照顧後母，也怕太太還太年輕，將來帶著豪宅改嫁，不照顧老翁與前妻所生的子女。且一旦遺產擺不平，這間風水地理好的豪宅，日後可能面臨被變賣及衍生家族紛爭的大問題。於是事先簽訂「遺囑信託」解決煩憂，年輕的太太擁有終身使用權，但若改嫁則喪失使用權，而子女亦擁有所有權，避免家族資產旁落的擔憂。

$ 例三：信託，鎮守你的財富

金融信託實例：所謂「信託資金集合管理運用」，係指信託業接受金錢信託，依信託契約約定，委託人同意其信託資金與其他委託人之信託資金，由信託業就相同營運範圍或方法的信託資金設置「信託集合管理運用帳戶」，將資金集合管理運用，可達到經濟規模，降低作業成本。且此種帳戶，無最低或最高總金額之限制，只要數位委託人便可成立集合管理帳戶。受託人亦可依操作策略或投資風險性高低分別設置如：積極

型、穩健型、保守型或貨幣型、債券型、股票型、固定收益型
等集合管理運用帳戶。如下圖所示：

項　　目	集合管理運用帳戶	共同基金
招募對象	私募	公開招募
	信託契約之委託人	不特定對象
法律關係	信託關係	委任關係
受益人	自益或他益	自益
發行機構	信託業	投信公司

（集合管理運用帳戶之解釋，如附一）

　　人的一生都可以透過信託管理財產，年輕的時候可以透
過銀行，以特定金錢信託購買基金，或是加入集合管理運用帳
戶，投資理財，累積財富。

　　若還有寬裕的資金，可以規劃子女教育所需費用，將錢交
付受託銀行，指定未來數年支付子女的生活費、教育費等，稱
為子女安養信託。好處是透過信託跟自己的資產「隔離」，確
保子女教養金無虞。

💲 例四：信託，讓你享有無憂的晚年生活

　　退休安養、財富移轉信託實例：40歲到60歲，則可以透
過信託規劃退休養老與財富轉移，尤其是千萬元資產以上的企
業主，最需要規劃退休以及財富轉移，因為經營事業波動性較
大、難免會有風險，現在有錢，不一定代表未來有錢。透過信
託的方式，將錢搬到「信託專戶」中，指定未來每個月固定給
付給自己或是子女，也是另一種退休「保險」。

　　建議最遲在60歲前，應開始規劃遺囑信託。因為依目前稅制，如要透過信託節稅將財富轉移給子女，最少要五至十年的時間，並在每年節稅的範圍內，將財產轉移給下一代。信託規劃的重點在於將「本金」與「孳息」分離，可以有很顯著的節稅效果，不至於讓資產縮水。因此只要透過信託，逐步轉移財富，富傳三代將不再是夢想。

智富筆記

- 以往，父母將財產贈與給子女後，父母就失去財產的控制權，但透過信託贈與規劃，父母可於契約保留隨時取回贈與財產的權利，保有完全控制財產的權利。
- 財產成立「信託」透過適當的資產配置，運用於固定收益性或投資性商品，得以活化你的財富！
- 信託架構的運用，不但使得有錢人可以「富過三代」，而且使得這些頂級富豪可以在生前甚至死後，完全按照自己的意願來管理其名下的財富，以及分配名下的財富給其指定的受益人。

TOPIC **6** 金融商品透過信託更安全

信託的機制源自英國，在封建時代，信託的目的在避免繳付遺產稅。而現今信託之發展主要是針對家族成員、親友及慈善團體、法人團體等小眾而設立，信託可用以持有分布於全世界任何地方的各類資產，包括：證券、房地產、現金及公司股票、專利權、商標、版權、合夥人權益等等。

　　信託最大的特色就是信託財產受到法令隔離獨立保護，是其他金融工具沒有具備的好處。

💲 例一：共同基金信託

　　一般人所稱的基金，其實就是共同基金。共同基金是由專業的證券投資「信託」公司募集大眾資金，聘請專業經理人代為操作管理。

　　共同基金投資內容無所不包，涵蓋全球各類投資市場，不論是股票、債券、黃金、農產品、指數、期貨等等。這樣的投資機制係源自於「信託」概念，目前共同基金的投資可謂之全

民運動,無人不知無人不曉。

💲 例二：Loan Note──金融商品信託運用

　　信託商品是聰明理財新選擇,信託不只幫助人們管理財產,還具有投資理財的功能。「Loan Note金融商品」又稱之為「私募票據」,是由信託公司為發行機構,直接參與雙方──借方(信託公司)與貸方(資金提供者)的借貸合約,由委託人提供一定額度的擔保品於受託人,由受託人對資金提供者承諾履約保證及定額的配息。這樣的金融商品透過信託的架構,更能取得大眾投資者的信任。固定收益型履約保證管理帳戶已成為富人最愛的投資商品之一。

💲 例三：不動產買賣價金安全信託(履約保證)

　　信託可以保障不動產雙方買賣交易的安全,有信託(履約保證)的預售屋,好賣又搶手,民眾購買預售屋從簽約到交屋通常需要二年至三年,如此長的工期,購屋者所繳交的簽約款、工程款,若能交給獨立公信單位來管理,專款專用,對消費者購屋將更有保障。

　　為消弭購屋者之疑慮,市場訊息敏感、觀念變通較快的建商已紛紛先與銀行簽立信託契約,並在廣告文宣及銷售現場大力宣揚該公司會利用「信託機制」將客戶所繳款項完全交付受託銀行控管,將來建屋進度若有依約如期分段完成,建商才能向受託銀行領取客戶預繳的錢,買屋客戶可得到「信託機制」

的安全保障。

$ 例四：善用信託來保證履約，重大商業行為低風險

越是重大的買賣交易，越需要風險管理機制來保障，例如：精密廠房設備、機具，或高價不動產買賣等，為了交易的安全，最好雙方能主動交付信託。

以大筆土地、豪宅成屋買賣為例，通常其交易流程為簽約、用印、完稅、產權過戶，時間長達一個半月，而買方在每一個交易階段，都必須給付高額價金，若碰到不法之徒，收了千萬元鉅款後便逃匿無蹤，將造成買方莫大損失。因此若買方能要求賣方將房屋交付信託，或買方將預定繳交的款項交付信託，約定產權過戶完畢後，才由信託機構將款項交給賣方，將能確保買方的權益。其他如動輒數百萬、數千萬的高價機器設備買賣，也適合比照上述信託辦法處理，對買賣雙方都更有保障。

$ 例五：信託也能巧妙扮演企業結盟的媒人

由於社會的多元化，「信託」已不再只是傳統的安養信託、子女教育信託、保險金信託等，現在就連企業的合併也能透過「信託」機制來完成。

實例：誰也沒想到，國內的電信業合併案，其成功的關鍵竟然是「信託」。當初兩家公司，由於大股東對於合併有意

見，在反反覆覆的過程中，兩家公司大股東將股票交給銀行辦理信託，並由銀行成立一個信託專戶來管理，既表現雙方誠意，又可防止大股東藉談判期間股價上揚而售出套利。如此一來，透過銀行居中協調，合併案反而進展快速，順利達成高度共識，大功告成，員工與投資人也都樂見大企業合併成功。這個成功案例，顯現出信託的功能與角色比一般人想像的還要寬廣、還要重要。

智富筆記

- 金融商品的安全來自於「機制」，而非在於發行公司的規模與歷史。金融海嘯後，投資者漸有所警覺再大的公司都會倒閉，歷史再悠久的公司也會關門大吉，雷曼兄弟就是一例。
- 「履約保證」提供了一個相當安全的交易機制，例如不動產交易買賣，由於金額相當龐大，為避免交易的風險，近年來都透過「建築經理公司」擔任履約保證的角色，將交易風險降至最低。

小辭典 🔍

信 託 法 相 關 法 則

【信託業法施行細則第6條】本法第十六條各款鎖定信託業經營之業務項目，依信託財產之管理運用方法，分類如下：

一、單獨管理運用之信託：

指受託人與個別委託人訂定信託契約，並單獨管理運用其信託財產。

二、集合管理運用之信託：

指受託人依信託契約之約定，將不同信託行為之信託財產，依其投資運用範圍或性質相同之部分，集合管理運用。

【信託業法第28條】委託人得依契約之約定，委託信託業將其所信託之資金與其他委託人之信託資金集合管理及運用。前項信託資金集合管理運用之管理辦法，由主管機關定之。

【信託法第24條第2項】不同信託之信託財產間，信託行為訂定得不必分別管理者，從其所定。

Chapter 10 / 固定收益篇

富裕人士的最愛

　　根據美林全球財富管理（Merrill Lynch Wealth Management）與凱捷顧問公司（Capgemini）公佈《2010年亞太區財富報告》，預期2011年亞太區富裕人士配置於「固定收益」工具的比例將會上升。

　　何謂固定收益型金融商品？又何以富裕人士偏愛固定收益型金融商品？本章節有詳盡的說明。

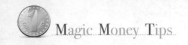

TOPIC

1

認識富裕人士

富裕（affluence）人士指的是擁有至少100萬美元可投資資產的人士，其中不包括主要居所、收藏品、易耗品與耐用消費品；超富裕人士則是擁有至少3,000萬美元可投資資產。

一、富裕人士調查報告

根據美林全球財富管理與凱捷顧問公司公佈《2010年亞太區財富報告》，針對亞太區富裕人士的未來提出預估，認為中國大陸及印度將會在區域內經濟成長的過程中節節領先，其富裕人士的成長步伐，很可能繼續領先較成熟的經濟體。

二、富裕人士的投資組合與配置

根據《2010年亞太區財富報告》預估，2011年亞太區富裕人士配置於股票及固定收益工具的比例將會上升。由於富裕人士意欲重新調整投資組合，現金類及不動產部位的相對比例預期會減少。

TOPIC 2

金融商品的來源

金融商品來自原物料的組合,常見的金融商品原物料有:票據(note)、股票(stock)、外匯(exchange)、債券(bond)、保險(insurance)、期貨(future)、選擇權(option)、認股權證(warrant)、衍生性金融商品等。

 **一、票據(Note)**

票據之種類有匯票、本票及支票。

1. 匯票:發票人簽發一定之金額,委託付款人於指定之到期日,無條件支付與受款人或執票人之票據。

2. 本票:發票人簽發一定之金額,於指定之到期日,由自己無條件支付與受款人或執票人之票據。

3. 支票:發票人簽發一定之金額,委託金融業者於見票時,無條件支付與受款人或執票人之票據。

4. 貸款票據(Loan Note):為賣方融資或延期付款的一

種形式，其中購買者作為借款人，賣方同意在未來指定的日期向持有人（購買者）支付貸款票據的款項。

（原文：A form of vendor finance or deferred payment, in which the purchaser acts as a borrower, agreeing to make payments to the holder at a specified future date.）

二、股票（Stock）

股票是股份有限公司在籌集資本時，向出資人發行的股份憑證，代表著其持有者對股份公司的所有權。

三、外匯（Foreign Exchange）

用於國際貿易清算的外國貨幣與可以兌換外國貨幣的支票、匯票、期票等。外匯市場（Foreign exchange）簡稱Forex或FX，是指作為外匯交易的市場，其特色是在此市場上有兩種以上的貨幣相互交換時，被交易的另一種貨幣，稱之為外幣。

四、債券（Bond）

債券是投資者憑以定期獲得利息、到期歸還本金及利息的證書。發債人需於債券到期日前按期支付早前承諾的利息，並在到期日於指定價格向債券持有人贖回債券（即歸還本金）。債券根據發行方不同，可分為政府債券、金融債券以及公司債券。投資者購入債券，就如借出資金予政府、大企業或其他債

券發行機構。

五、保險（Insurance）

保險是一種風險管理方式，透過繳納一定的費用，將一個實體的潛在損失風險，平均轉嫁於另一個集合的實體，以分散風險減少損失。

六、選擇權（Option）

又稱為期權，是在期貨的基礎上產生的一種衍生性金融工具。從其本質上來說，期權實質上是在金融領域中將權利和義務分開進行定價，使得權利的受讓人在規定時間內決定是否進行交易行使其權利，而義務方則必須履行。

七、期貨（Future）

期貨是一種跨越時間的交易方式。買賣雙方透過簽訂合約，同意按指定的時間、價格與其他交易條件，交收指定數量的現貨。

八、認股權證（Warrant）

一種通常與債券或優先股一併發行的證券，持有人可在限期內或無限期以固定價格（通常高於發行之時的市價），按比例購買普通股。認股權證亦稱為「認股證書」，可以轉讓，並於主要交易所買賣。

$ 九、衍生性金融商品

　　金融衍生工具是一種特殊類別買賣的金融工具統稱。這種買賣的回報率是根據其他金融要素的表現情況衍生出來的。例如資產（商品、股票或債券）、利率、匯率或者各種指數（股票指數、消費者物價指數以及天氣指數）等。這些要素的表現將會決定一個衍生工具的回報率和回報時間。衍生工具的主要類型有期貨、期權、權證、遠期合約、互換等，這些期貨、期權合約都能在市場上買賣。

智富筆記

- 工具決定一切，金融商品的好壞將會影響投資績效。
- 基金、保險及固定收益型的金融商品是好的投資工具之一。
- 組合一些績優的基金，定期定額投資；慎選口碑佳的保險公司，做好配置，並將一桶金存放於有金融機構擔任履約保證的固定收益型金融商品，將可逐步邁向財富人生！

TOPIC **3** 金融商品的製造商

$金$ 融商品製造商，包括：投資銀行、基金公司、保險公司等。

💲 一、投資銀行

投資銀行（Investment Banking），是最典型的投資性金融機構，投資銀行是在資本市場上為企業發行債券、股票、籌集長期資金，提供中介服務的金融機構。

投資銀行的業務有別於一般商業銀行，除了金融、證券外，還包括公司購併、項目融資、資產管理、投資諮詢、創業資本融資等。截至目前為止，台灣的金融機構並無從事投資銀行業者。

💲 二、基金公司

透過發行基金單位，集中投資者的資金，由基金託管人（即具有資格的金融機構）託管，由基金管理人管理和運用資

金，從事股票、外匯、期貨、債券等金融工具投資，然後分享收益。

 三、保險公司

經營產物保險、人壽保險、健康保險和意外傷害保險等保險業務的公司。

根據保險業設立許可及管理辦法，台灣保險公司之設立，最低實收資本額為新台幣貳拾億元。

智富筆記

- 理財並不是富人的專利，每個人都能在自己的收入範圍內進行理財活動。
- 沒財可理，更需要學會理財；有財可理，如沒學會理財，有錢也有可能理成沒錢。
- 對於一位貪婪的投機者而言，贏是偶然，輸是必然。

TOPIC
4

金融商品的通路商

金 融商品通路商包括：商業銀行、券商、經紀人等。

一、商業銀行

商業銀行的概念是區分於中央銀行和投資銀行。是以經營存款、放款為主要業務，以利潤為主要目標的銀行。因這類銀行依靠吸收活期存款作為發放貸款的基本資本來源，這種短期資金來源只適應經營短期的商業性放款業務，故稱「商業銀行」。

二、券商

券商是買賣股票、公司債、公債等有價證券的金融市場，集合有價證券的買賣者，經過證券經紀人的居間完成交易。

$ 三、經紀人

　　為買賣雙方撮合或代他人進行買賣而取得佣金的人，稱之為broker。例如：保險經紀人指基於被保險人之利益，洽訂保險契約或提供相關服務而收取佣金或報酬之人。證券經紀人可以代客戶買賣證券、基金、認股證及其他衍生產品，從而獲得費用或佣金收益。

智富筆記

- 銷售通路的金融商品，為了能夠銷售出去，附帶的資訊經常是被包裝過的，投資人沒有辦法看到各種正面和負面的完整資訊。

- 在銀行、證券商或保險業等銷售通路購買金融商品，對投資人而言是略有不同的。三種通路的銷售員，平日工作模式不同，對於商品的瞭解也有差異。但是不管差異大小，銷售者只要把商品賣出去，就有立即的利潤。難怪有人說：「投資者的利益與金融機構就某些方面而言是衝突的；光靠金融機構的理專，很難幫投資者賺到錢」！

大多數固定收益型金融商品係來自借貸關係，亦即借錢給別人，而對方承諾在一定期間內，約定還本付息。例如：「定期存款」是把錢借給銀行、「公債」是把錢借給政府、「公司債」是把錢借給公司、「民間借貸」是把錢借給民間個人。更詳盡的說明如下：

$ 一、借貸合約

固定收益型金融商品，多屬借貸合約（Loan Agreement），亦即借錢者簽發借據，言明何時依約還本付息。各種借據如政府公債、公開發行的公司債、可轉債、私募公司債、商業票據、固定收益信託等，所發出的憑證都是Loan Note。這些都是固定收益型金融商品。

$ 二、合約的守護者：履約保證

履約（Fulfillment）保證就是委由公正、客觀且具有公信

力的第三者，於合約進行中，用以保障合約雙方交易依約履行的一種安全機制。以房地產交易履約保證為例：

交易雙方藉由履保機構──建築經理公司，做為履行契約的保障方，在交易過程中，買方陸續付出的買屋款，都先保留在「履約專戶」中，等所有買賣手續全部完成，價金才會提出撥給賣方。如此，可免除詐騙集團從中做手腳，或引發交易糾紛。甚至如賣方房屋延遲交屋、查封、違約等狀況，買方價金就會被凍結在銀行或第三人的帳戶，不至被賣方領取。

以信義房屋為例，信義房屋為上市公司，資本額36億，其房地產交易之履約保證機構為安信建築經理公司，資本額僅1.1億，其安全是來自相互監控的金融機制，而非規模的大小。

三、監管機構

監管（Custodian）機構須經政府特許成立，主要之任務為替投資人監督投資經理是否有遵守合約投資限制，而這些投資限制是用以保障投資人的資產安全為目的。例如會計審計安全控管的原則──管錢不管帳，管帳不管錢；出納會計，必須分由不同人擔任。

四、保管機構

保管機構之任務在於提供一般人、公司法人、投資公司等開立保管帳戶。亦即僅提供資金保管服務，與監管機構之職責完全不同，不負責監管。

固定收益金融商品 之安全性

安 全來自於機制，固定收益金融商品如有金融機構擔任監管（Custodian），又有履約（Fulfillment）保證時，其安全性自較一般金融商品為佳。

$ 一、安全性與一般存款（含定存）的比較

中央存保公司對每一銀行存款人，在同一家要保機構的存款本金最高保額為新台幣300萬元，超過部分並無保障；而有經過履約保證的固定收益金融商品，其履約保證的範圍是按其合約意旨讓本金及收益得到完全保障。

$ 二、安全性與投資股票的比較

投資者購買股票，是將錢給上市公司，上市公司並不保證投資一定安全。上市公司也有可能作假帳、掏空（如博達）、或經營不善，變為全額交割股或下市（上市公司被迫下市者不勝枚舉），此等案例時有所聞。

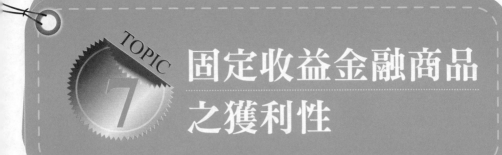

TOPIC 7 固定收益金融商品之獲利性

華倫‧巴菲特的財富公式：時間×績效×複利＝財富。要達到複利滾存的基本要求，就是每年須有正報酬，固定收益型金融商品就擁有此特性。

一、運用每年正報酬所產生的複利效果，創造永恆的財富

釋例：假設30歲投資300萬元，其間利息不領回，繼續複利滾存（假設年複利率8％），39歲時會滾存出一倍（72法則），到57歲就有2,400萬，到75歲就將近一億。

30歲	39歲	48歲	57歲	66歲	75歲
300萬	600萬	1,200萬	2,400萬	4,800萬	9,600萬

二、固定報酬商品V.S波動性商品

釋例：假設投資固定報酬商品，每年獲利8％，經過36年

換算投資報酬率，每年單利高達41.67%

第1年	第9年	第18年	第27年	第36年
100萬	200萬	400萬	800萬	1,600萬

36年投資報酬率：（1,600萬－100萬）÷100萬＝1,500%，
將獲利換算每年單利投資報酬率達1,500%÷36年＝41.67%

結果：就長期而言，8-9%固定報酬商品，往往戰勝獲利數
十%甚至數百%波動性大、有風險的金融商品。

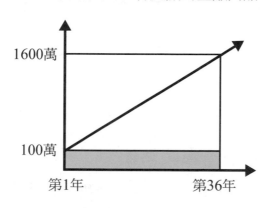

圖形說明：

1. 第一年投資100萬元（此後不用再投資），假設每年獲利
   8%，經過36年的複利滾存，累計金額可達1,600萬元，這就
   是「複利」的威力。36年複利投資報酬率總共1,500%。

2. 將36年「複利投資報酬率」1,500%，換算成我們比較習慣
   的「單利投資報酬率」，每年高達41.67%；如果比較一般
   上市公司製造業一年獲利5%至15%，顯然複利的報酬率較
   上市公司製造業優渥許多。

TOPIC
8
固定收益金融商品
之變現性

固定收益金融商品，期限有一年期、二年期、三年期……不等，類似定存，屆期得續約。有些固定收益金融商品，亦得中途提領（僅需付些許手續費）。特色如下：

$ 一、變現性較不動產為佳

不動產處分變現不易（須一段作業時間），亦無法分割，或做部分出售。

$ 二、變現性較保險為佳

通常保險金融商品有一定年限（5年、10年、20年或更長時間），而固定收益金融商品甚至在一年內就能變現。

$ 三、變現性較定期定額為佳

一般而言，定期定額（基金）屬中長期規律投資，變現不易，如強行變現，將會造成莫大的損失。

TOPIC
9
類固定收益型
金融商品——保險

歷經金融海嘯後，心態偏安的國人近年偏愛能夠保本保息的儲蓄險，尤以3、5、6、10年期的養老險最受歡迎。根據壽險公司調查，短年期儲蓄險保單，女性的投保率是男性的2.25倍。另從年齡層來看，分布最高前兩名分別是41～50歲（占24％）、及31～40歲（占23％），加起來將近5成，為短年期儲蓄險的主力部隊。

保險業者分析，短年期養老險商品架構簡單，且具備保本保息的特性，內部報酬率又較定存利率高，是銀行保險通路搶攻定存族的強力吸金器。

不同於其他金融商品繁複的結構及浮動利率水準，短年期儲蓄險以單一利率、固定收益的簡單與穩定特性，提供客戶資金停泊的安穩避風港。這種被視為「類定存」的保單，在當民眾大筆資金無路可去之際，在銀行保險通路卻能有超強吸金能力，受到定存族的高度青睞。

固定收益金融商品的綜合評比

💲 一、固定收益V.S定存

固定收益之收益率往往高於定存,較能抗通膨。

💲 二、固定收益V.S股票

固定收益之收益穩定;股票投資有賺有賠,風險較高。

💲 三、固定收益V.S黃金

固定每年皆為正報酬;金價有漲有跌,無法每年正報酬。

💲 四、固定收益V.S房地產

固定收益年期短,易變現;房地產屬不動產,變現較不易。

TOPIC **11** 固定收益資產配置實例

以100萬美元作為資產配置的案例，試作兩種規劃案，比較哪一種配置為佳。

　　以下方案是一家中小企業理財的實例：該公司以往都是將閒置資產存在銀行的定期存款或是購買債券型基金，但長年下來，獲利有限。其後該公司財務長在一次的金融研討會中，發現有些公司有更好的配置方式，茲列舉說明如下：

💲 規劃方案一

　　100萬美元全數投資，購買債券型基金，年報酬率（假設）1.3％，則一年收益（100萬×1.3％）÷100萬＝1.3％

💲 規劃方案二

　　20萬美元固定收益金融商品（年報酬率8％）＋80萬美元投資購買債券型基金（假設年報酬率1.3％），則：

　　（20萬×8％＋80萬×1.3％）÷100萬＝2.64％

$ 評比結果

1. 兩方案相比相差（2.64％－1.3％）÷1.3％＝103％，很明顯方案二較方案一，投資報酬率增加一倍以上。

2. 從表面看來，方案二之風險率好像增加20％，惟固定收益金融商品若有履約保證，其風險率甚至較定存為低，但由於獲利率可大幅增加103％，建議可考慮選擇一定比例之配置。

智富筆記

- 一個好的理財策略，須做好資產配置，兼顧安全性、收益性與流動性，透過安全係數與風險係數評估做好組合。
- 雖然說「富貴險中求」，但如能做好資產配置，就可輕鬆避開系統性風險。

Chapter 11 / 社會責任篇

財富、幸福與社會責任

　　筆者曾在國立台北教育大學師資培訓中心教授「理財規劃研訓」課程，第一堂課是以「奉獻」這首歌作為開場白：

● 長路奉獻給遠方，玫瑰奉獻給愛情，我拿什麼奉獻給你，我的小孩……

● 雨季奉獻給大地，歲月奉獻給季節，我拿什麼奉獻給你，我的爹娘……

　　這首歌充滿著太多的意涵。長路是為遠方而存在，玫瑰是為愛情而被需要；小孩因有父母而幸福著。雨季滋潤著大地，歲月豐富著季節；父母因為有小孩們而不孤單……。

　　投資理財最終目的，就是希望每個人都能生活無憂，衣食無慮，從自身做起，才能兼顧家庭與社會責任。

做好自我退休規劃，以免成為社會負擔

印度潛能大師奧修（OSHO）有句名言：「人來到世上，是來享受的；人不享受，就是罪惡」。我們每一個人在年輕時，就要做好退休理財規劃；等到退休時，要能做到「財務獨立，財富自由」。當我們不再工作時，希望我們仍是社會的資產，而不是社會的負擔。

拜科技進步之賜，人類壽命不斷延長，倘以平均餘命約80至90歲計，退休後的生活約為20至30年。假設退休後每月生活費約為5萬元，則需準備1,200至1,800萬元以上，才能安全退休無虞。

💲 案例一：不會理財規劃的年輕人

以目前的大學生而言，當學校畢業後如能順利找到一個25,000元的工作已屬萬幸，假設工作30年，每月平均薪資以4萬元計，扣除生活費，每月能存下2萬元。則辛苦工作30年，亦僅能存下720萬元，並不足以支應退休後的生活。屆時，活

越久將會痛苦越久！

上述這個問題，就現今社會而言，幾乎大多數的人都會碰到，然而只要及早做好理財規劃，一切問題將迎刃而解。

案例二：學會理財規劃的年輕人

小敏23歲，大學畢業，在一家會計師事務所上班，省吃儉用，每年存下20萬元，投入定期定額基金，假設平均年報酬率約15%，經過5年後，當小敏28歲時，本利和即可累至1,550,748元。假設28歲以後，小敏都不再加碼，光是1,550,748元，每年獲利15%，歷經30年後，當小敏退休時，可領回多少退休金嗎？答案是51,048,990元！

退休金的51,048,990元是怎麼來的？答案是：當小敏踏入社會開始工作時，就開始做好自我退休規劃，每年存下20萬元，連續存了5年，逐年投入定期定額基金之總體報酬。假設當時小敏沒有存錢，就沒有這一筆積蓄；假設只有存錢不做投資理財，充其量也只有一百萬元而已！做好自我退休規劃，就不會等到年紀大時，成為家人、親友以及社會的負擔。

小敏23歲畢業開始存錢		理財項目	本利和
24歲	存20萬元	定期定額基金15%	230,000元
25歲	存20萬元		494,500元
26歲	存20萬元		798,675元
27歲	存20萬元		1,148,476元
28歲	存20萬元		1,550,748元
合計	100萬元	5年本利和	1,550,748元
30年後	都不加碼	35年本利和	51,048,990元

養兒育女，是我們
對下一代的責任

常言道：「現今社會，存在著養不起的未來……」。到底現在的社會存在著什麼現象呢？低利率伴隨著長期通膨與高失業率，大學生畢業即失業的現象愈來愈普遍；M型社會，貧富不均之狀況，愈來愈明顯。

據統計養一個小孩，從小到大，約需花費1,000萬元。養兒育女，是結婚以後人生的第一件大事。生他、養他、教他，所有的心力都放在孩子身上，一日為父母，就無可避免地為孩子操心，但也因此有無止境的「功課」要學習，在這個學習過程中，當然會有煩惱，然而也會伴隨著許多樂趣。

「今之為人父母者，養而不教者，有之；溺愛縱容者，有之；不加聞問者，更有之！以今日之家庭教育，失職失能之父母所在多有，問題孩子缺乏親情關懷……」

根據民國100年1月31日自由電子報載：「高雄檢調破獲專門吸收青少年或中輟生加入幫派的犯罪集團，一名遭羈押的女高職生因拒絕賣淫，遭人性侵，檢調接獲報案救出該女，並

聲請羈押3名嫌犯獲准。雄檢指出，此犯罪集團，自稱『××集團』幫派，設有『總裁』、『總軍師』等組織架構，平日混跡網咖，專門吸收青少年、學生或中輟生，並利用聊天室，引誘少女脫離家庭。」

《顏氏家訓》：「養而不教，父母之過也；施以教化，才能盡享天倫。」生育、養育、教育是我們的責任，但光靠薪資收入，要達成養兒育女的任務，很難達成，非做好家計理財規劃不可。

智富筆記

- 成家、立業，是人生的兩件大事，也是人類社會賴以延續的兩大基石。
- 生育、養育、教育，是我們對下一代的責任。
- 我們都需要一個「富而好禮、樂善好施」的社會。

3 事業傳承與 財富傳承

當今社會，普遍存在著一個現象，那就是「富不過三代」。企業家在給自身和社會創造財富的同時，常面臨到接班人的問題。

未來10至20年，許多企業將進入接班換代。但據調查顯示：90%的企業家第一代，希望子女接班，但是95%的子女卻沒有接班的意願。而建構第二事業部（投資理財事業部），就可以解決這個問題。

建構第二事業部，投資理財事業部，就是將第一事業部（原主要收入）的部分資金，經由績效較佳的基金介面，分散投資於成功的企業經營者，分享他們經營的成果。第二事業部的建立，將有助於事業傳承與財富傳承（詳見基金篇）。

有許多夫妻在打拼了一輩子之後，事業有成，也累積了相當的財富，但是常常會面臨一個大難題：「要不要把財產轉給下一代？什麼時候給較妥當？」

如果太早移轉財產給下一代，一來怕子女不擅經營管理，

甚至遭到挪用，二來怕錢轉出去了，自己會喪失了財產的控制權。但是如果財產不陸續轉給下一代，又怕未來有大半的財產要課遺產稅，也擔心未來子女繼承財產時，產生爭執，甚至是兄弟鬩牆，反目成仇。經營之神王永慶之子王文洋跨海爭遺產，轟動一時，不但大大影響王永慶的形象，也成為了社會的一個負面教育。

　　因此如何預作妥善的財產規劃，讓財產、稅賦、家庭三方面都可以兼顧，自己的畢生心血終有代價，是人生下半場的一堂重要課題。

智富筆記

* 不孝有三，無後為大。但是我們目前面對的是一個養不起的未來，很多年輕朋友，都不敢結婚生子。「無後為大」的解釋，也因應時代而有所轉變。「無後」可解釋為事業後繼無人，妥善的理財規劃，可以協助做到「事業的傳承與財富的傳承」。

TOPIC 4 全方位的財富傳承規劃，可完成的效益

運用全方位的財富傳承規劃，為人父母者，將來不但容易將財產變現或處分，同時可預作財產分配，避免造成兒女間的爭產，兒女們不能任意地揮霍或處分財產。利用財務規劃工程，持續達到財富增加之目的。

財產規劃後，父母仍握有財產之掌握權：夫妻二人自己有錢用，孩子在我們的期許中成長。不但可以節省所得稅及遺贈稅，又可照顧自己及家人，保障未來之生活品質。

$ 全方位的財富傳承規劃，實例一：

有位古董收藏家，從年輕時就非常喜歡收藏古董，尤其是全世界唯一的古人遺作。他長久收藏，從未割愛。有一天，他透過朋友找到了我，告知我他想將收藏多年的古董逐次拍賣，目的是要做好財富傳承規劃。我得知此訊息後，對於他突如其來的轉變覺得不可思議，聽他細說後終於恍然大悟。故事是這樣發生的：

他有位同樣為古董收藏家的朋友日前過世，兒女們為了爭奪他老爸一件最有價值的收藏品，而傷了兄弟姐妹彼此之情誼。

這個不幸的事件，打醒了這位古董收藏家，他說：「為這事，心煩好一陣子。」，後來終於悟得一個道理：「我不能因為我個人的喜好，造成下一代彼此的衝突，古董難以切割，會造成分配上的不公……」。希望將古董陸續出脫後，囑我幫他做一縝密的財富傳承規劃。

⑤ 全方位的財富傳承規劃，實例二：

有位做土地開發的富豪，將賺來的錢全數養地，也的確因長年養地而成為億萬富豪，但子女生活潦倒。一直等到他死後，有天，他的子女找上我，告訴我事實：「他們是富人，但不是有錢人，他們活在富裕中的貧窮，是全世界最貧窮的富豪，不動產一大堆，可惜沒現金，也沒錢繳遺產稅……」凡此種種，都是生前未預作好財務規劃的後果！

財富應該是為幸福而準備才是

「台灣人真窮，窮得只剩下錢。」反過來是否可說：「台灣人什麼都沒有，就是有錢。」俗言：「有錢可使鬼推磨，無錢寸步難行。」又言：「錢可載舟，亦可覆舟」。整個社會充斥的觀念是：「有錢真好，有錢就是大哥」。

而小朋友從小父母就灌輸他觀念：「好好唸書，將來才會有錢；好好唸書，將來才能賺大錢」。每個人為了錢，馬不停蹄的追趕跑跳碰，只要有錢做什麼都行，為了錢也失去了許多人性的「善」。

其實，投資理財的最終目的，是要讓投資者的人生及家庭更為幸福，單純的財富追逐，並不會為你帶來持久的幸福快樂。我們之所以進行投資理財，是因為想依靠好的投資理財獲得更多財富，再好好地運用財富，讓自己過更加美好的幸福生活。

暢銷書《富爸爸窮爸爸》的作者羅伯特・T・清崎（Robert T. Kiyosaki）告訴我們，要成為一名偉大的「財富

積聚」者，只有對「得與失」淡然處之，才能做到在考慮問題時，不會讓貪婪和恐懼來支配自己的行動。

投資是為了更好的生活，投資理財是為了追求更好的幸福！

$ 網路小故事

民國100年的春節期間，網路上流傳一個有意義的小故事：

有位婦人走到屋外，看見前院坐著三位長著白鬍鬚的老人，她並不認識他們，但是還是說：「雖然我並不認識你們，不過你們老人家應該餓了，請進來吃點東西吧！」「家裡的男主人在嗎？」老人們問。「不在」婦人說。「他出去了。」「那我們不能進去。」老人們回答。

傍晚，當她的丈夫回家後，婦人告訴丈夫事情的經過。「去告訴他們我在家裡了，可以邀請他們進來！」婦人走去邀請三位老人進屋內。「我們不可以一起進去房屋內。」老人們回答說。「為什麼呢？」婦人不解地問。

其中一位老人指著他的一位朋友說：「他的名字是財富。」然後又指著另外一位說：「他是成功，而我是愛。」接著又補充說：「妳現在進去跟妳丈夫討論看看，要我們其中的哪一位拜訪你們家。」婦人進去告訴丈夫剛剛談話的內容。

她丈夫非常高興的說：「原來是這麼一回事啊！那我們邀請財富進來！」婦人並不同意，說到：「親愛的，我們何不邀

請成功進來呢？」他們的媳婦，在屋內的另一個角落，聆聽著他們的談話。並說出了自己的建議：「我們邀請愛進來，不是更好嗎？」

丈夫對太太說：「那我們照著媳婦的意見吧！請愛進來作客吧！」婦人到屋外問那三位老者：「請問哪一位是愛？」

愛起身朝屋子走去，另外二人也跟著他起步。婦人驚訝地問財富和成功：「我只邀請愛，怎麼連你們也一起來了呢？」

老者齊聲回答：「如果你邀請的是財富或成功任一位，另外二人都不會跟進，而你邀請愛的話，那麼無論愛走到哪，我們都會跟隨。」

「哪兒有愛，哪兒就有財富和成功。」財富和成功應該是為愛和幸福而準備才是。

- 富有不是罪惡，貧窮才是罪惡的根源；飢寒起盜心，貧賤夫妻百世哀。
- 有錢能使鬼推磨；但錢能載舟，亦能覆舟。

TOPIC **6** 感恩與分享

享受財富自由人生，獨樂樂不如眾樂樂。每個人在生命成長歷程中，都會遇到貴人，要惜緣惜福，要懂得感恩與分享。分享是生命成長中不可或缺的一環，畢竟「獨樂樂不如眾樂樂」。

「獨樂樂，與眾樂樂，孰樂？」2000多年前，孟子的回答是：「不若與眾。」一個人致富怎麼比得上大家共同的致富快樂？

成功的理財規劃，不僅要自己好、父母好、配偶好、兒女也要好。要做到「生活有保障、衣食無憂，財富傳承、共享財富人生」。

有位朋友，介紹好多位他的好朋友，讓筆者協助他們做理財規劃。他說：「我的朋友都很奇怪，質疑我為何願意幫他們做介紹？」「我告訴我的朋友說：讓你們有錢，就不會找我借錢啦……沒有啦，開個玩笑，是讓你們更幸福，當我周邊的朋友都很幸福時，我就會更幸福啦！」又告訴筆者說：「好人要

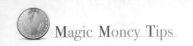
讓他富有，讓他們做更多的善事⋯⋯，所以他只介紹好人，找到好的全方位理財規劃顧問」。

　　這位朋友是豪宅名設計師，為人誠信善良，他的客戶大多是富裕人士，從客戶變成他的好朋友。「一日客戶，終生服務」是他的至理名言，獨樂樂不如眾樂樂，而「感恩、分享」是他的座右銘。

智富筆記

- 人的一生，並不應是從呱呱落地到墳墓前的漸漸死亡；人生是用來享受的，不是用來忍受的。我們應該講究生活，而不是將就生活。
- 只要我們做好全方位理財規劃與資產配置，持之以恆，就可架構一個永續收入系統，享受財富人生。
- 分享快樂幸福，就將會是快樂與幸福永恆的泉源。

個人對社會的貢獻

根據2010年3月6日的TVBS報導：「富比士（Forbes）慈善榜，賣菜阿嬤列台四大善人」。亞洲富比士雜誌第三屆選出亞太地區48位傑出的善心人士，其中最引人注目的，是60歲的台灣台東婦人——陳樹菊。陳樹菊年輕時為了養家，不得不輟學，13歲就開始賣菜，錢賺得不多，但她省吃儉用存錢做善事。不但捐百萬資助兒童，還捐了450萬給母校蓋圖書館。今年她更計畫捐出1千萬，幫窮人付學費和健保費，知道獲得殊榮時，為人低調的陳樹菊難得露出笑容，說：「這不算什麼」。

陳樹菊：「我不知道有沒有得獎，不要亂講啦，什麼得獎，得什麼獎，這個又不是在參加比賽。」得知自己入圍善心榜喜訊，雖然急忙否認，但向來沒什麼表情的陳樹菊，難得露出笑容。平價的蔬菜，一把一把賣，同樣的動作，今年60歲的陳樹菊，47年來始終如一，只是這麼努力賺錢，不是為了自己，而是拿來做善事，也因此入圍亞洲富比士雜誌的慈善英雄

榜，和3名億萬富豪並列台灣4大慈善家。

　　根據TVBS的報導，包括莫拉克颱風後，捐出1億元的國泰金控董事長蔡宏圖，2009年捐1億元給母校政大的美國泛太平洋集團總裁潘思源，以及31年來，陸續捐款2.4億的陽光電子儀器公司董事長林宏裕。其中在台東以賣菜維生的陳樹菊，5年前捐助450萬給母校興建圖書館，到目前為止已經陸續捐了快1千萬幫助貧窮兒童，還預計籌措1千萬成立基金會，成為最基層人士奉獻典範。

　　說自己不算什麼大人物，錢也沒有捐得比別人多，只是過去曾經被救助過，陳樹菊身體力行做善事，希望能盡一點微薄之力幫助更多需要幫助的人。

　　而南投大善人陳綢阿嬤，建青少年家園幫助行為偏差的孩子，先前報導才有陳樹菊阿嬤的善舉登上《時代雜誌》「全球百大最具影響力人物」後，新聞又報導另一位南投大善人——陳綢阿嬤。阿嬤高齡80歲並且罹患癌症，不過她為了幫助迷途青少年，持續募款，興建青少年家園，被譽為南投大善人。

企業對社會的責任

企業的社會責任（Corporate Social Responsibility，簡稱CSR）已經是近年來國際社會所重視的企業指標之一。

所謂企業社會責任，即指企業在創造利潤、對股東利益負責的同時，還要承擔對員工、社會和環境的社會責任。包括遵守商業道德、生產安全、職業健康、保護勞動者的合法權益和節約資源等。

美國《商業週刊》公佈了前50大慈善家，第一名由英特爾（Intel Corporation）共同創辦人摩爾夫婦（Gordon E. Moore and Betty Moore）獲得，從2001到2005年捐出的金額有7,046百萬美元，第二名則是微軟（Microsoft Corporation）共同創辦人比爾夫婦（Bill Gates and Melinda Gates）。

2011年春節，新北市發起成立實物銀行，助弱勢過好年。朱立倫說，要在新北市各地區社會福利中心設立「實物銀行」，發放民生必需品給弱勢家庭，希望市民都能獲得最妥善

照顧，平安幸福過好年；他希望民間及企業界能發揮力量共襄盛舉，一起把愛傳出去。

　　企業家取之於社會、用之於社會的善心捐款，一向是大眾關心的焦點，而企業家個人的慈善公益行為，也對於企業品牌本身的形象有所助益。

　　維基公益銀行（Wiki NPO），特別規劃了一個電子商務平台，讓符合資格的弱勢族群在這一個平台上面進行產品銷售，至於行銷的部分，就交給維基公益銀行的行銷人員負責，如此一來，社會大眾可以清楚知道，如果要協助弱勢，就到維基公益銀行來購買商品，而弱勢族群也可以更輕鬆的銷售產品來改善生活狀況。

智富筆記

• 企業社會責任已成為企業形象的指標。
• 許多金融機構，在審核企業貸款時，都會將 CSR企業社會責任視為重要參考指標之一。

企業的社會責任，不只是捐贈金錢而已

「獲利」一直是企業追求的目標，而如何在追求獲利的同時，兼顧與發揮企業的社會責任，這是目前知名的國際企業都在努力的重要任務。在此列舉一些台灣知名企業具有良好企業社會責任的成功案例：

💲 友達綠色承諾

友達公司落實對社會「永續發展」的決心，推動企業環保文化，並提供客戶及消費者最大利益。

💲 永齡希望小學

由鴻海集團董事長郭台銘與女兒郭曉玲籌設的「永齡教育慈善基金會」，以播種育成的理念扶助弱勢學童就學。

💲 台新銀行文化藝術基金會

台新銀行文化藝術基金會致力於台灣當代藝術的推廣，基

金會能以本身的專業「文化藝術」推動「藝術公益活動」，期望為在這塊土地上生活的所有居民注入當代藝術的新能量，讓生命的過程中留下無限美好的回憶。

綠天使社會企業

綠天使（Green Angel）就是以「提倡環保」及「弱勢就業」為目標的社會企業公司。以全新及二手服飾配件，讓社會資源有效循環再用，並聘請身心障礙朋友參與營運。讓時尚為環保盡力，為公益盡心。

元大金設企業社會責任單位

為了展現推動企業社會責任的決心，元大金控設置推動企業社會責任單位，負責訂定企業社會責任的政策、制度，並編製企業社會責任報告書，揭露企業社會責任推動情形。

2010光寶集團連續六年獲頒遠見雜誌「企業社會責任獎」

光寶集團秉持著「飲水思源」的精神，成立光寶文教基金會，結合社會志工積極扶助弱勢團體，目前已是國內規模最大的認輔志工團。光寶長年以來投入社會參與及公益活動不遺餘力，多次榮獲政府頒發獎項肯定與鼓勵，2009年獲得「國家公益獎」。

光寶的努力連年獲得公正單位肯定，2010年度更榮獲遠

見雜誌頒發第六屆企業社會責任獎五星獎（上市科技A組）之榮耀，在「公司治理」和「環境面」等表現均名列前茅，是該雜誌CSR評核標準提高之下少數持續進步的企業。

$ 2010年5月，台灣大哥大獲遠見雜誌 企業社會責任獎「教育推廣類」首獎

台灣大哥大這次為第四度獲得遠見企業社會責任獎。2011年得獎企業還包括：健康職場類——台灣IBM（首獎）、台灣微軟、聯華電子、住華科技；社區關懷類——康迅數位（PayEasy）（首獎）、信義房屋、勤美公司；環境保護類——台達電子（首獎）、統一超商、摩斯漢堡；教育推廣類——台灣大哥大（首獎）台灣微軟、雅虎資訊；公益推動類——大愛感恩科技（首獎）、雅虎資訊、全家便利商店。

此外，全球首富比爾蓋茲、巴菲特等知名企業家們，推動企業社會責任均不遺餘力，並且將他們畢生大半的積蓄，捐給了基金會，堪稱為企業家的典範。

智富筆記

- 你找到對的人、對的工具了嗎？
- 為善必須務實。時下有些人，自身財務狀況發生困境，卻仍拋家棄子去做公益，造成另外一個社會問題。
- 我們只要做好自己，不要成為社會的負擔，只要人人能做得到，就不會有太多的社會問題，至於天災、人禍，有善心的企業家們，能負起企業社會責任，這是人類之福，由衷感激。
- 「有一個撒種的人出去撒種；灑的時候，有落在路旁的，飛鳥飛來吃盡了；有落在土淺石頭地上的，土既不深發苗最快，太陽出來一曬，因為沒有根，就枯乾了；有落在荊棘裡的，荊棘長起來把它擠住了；又有落在好的土裡的，長出來就結實，那果實有100倍的、有60倍的、有30倍的。」取自聖經。

給投資者的提醒

最後要提醒的是：「策略理財、審慎的資產配置，追隨趨勢、簡單而規律的全方位長線投資規劃」是致富之鑰。時下許多人花很多時間在理財，卻根本沒有時間享受財富，甚至不理還好，越理越糟糕！

我們應該要改變思維邏輯：「簡單而規律的理財」，要花很少的時間理財，多一點時間享受財富才對。如此，行有餘力，多多參與公益活動，畢竟「獨樂樂，不如眾樂樂」，這樣人生才有意義。

最後，筆者根據過往在金融界的經驗，彙集「理財12要」與「理財12戒」，作為本書的結語與最後的叮嚀，祝讀者在理財之路，一路順心，是所盼也！

理 財 12 要	理 財 12 戒
1.要追求穩定與持續成長。	1.勿短線操作，追求短利。
2.要穩健經營，長線布局。	2.勿任意聽信未經證實的消息。
3.要腳踏實地，一步一腳印。	3.勿做白日夢，眼高手低。
4.要虛心檢討，在錯誤中學習。	4.勿以為對的永遠是自己，錯的永遠是別人。
5.要尊重專業，追求真理。	5.勿不求甚解，道聽塗說。
6.要善用減法，凡事聚焦。	6.勿身兼數職，忙碌煩躁。
7.要掌控時間，做時間的主人。	7.勿同一時間，允諾太多的事。
8.要慎思明辨；要跟對人、相信他。	8.勿跟錯人，相信他；跟對人，質疑他。
9.要事有定見，不宜太貪。	9.勿妄想一夜致富。
10.要事事用心，大處著眼。	10.勿以偏概全，勿以管窺天。
11.要戰略布局，先宏觀再微觀。	11.勿因一顆芝麻，掉了一個燒餅。

感謝 P·R·E·F·A·C·E

本書顧問團及編輯群

　　本書能順利完成，特別要再次感謝AAFM國際金融證照資深名師：喬恩（Joe）顧問、艾薇（Ivy）顧問及陣容堅強的編輯群，AAFM美國金融管理學會「RFS註冊金融理財師」們：Raymond、Adam、Sunny、Amy、Jackie、Savina、Geoffrey、Jennifer&Allen，提供他們在職場上一、二十年以上的從業實務經驗。有了這麼多來自金融各領域的夥伴協助，才能讓本書在不斷的碰撞與研討過程中，找到並提供給每個人需要的資訊。本書初稿先在北市幾所社大，做為教材，並經多次修訂，目的就是要呈現給大家一個適切、簡易、輕鬆的投資理財方案，對於編輯群所付出的努力，在此還是要再說聲「感謝你們」，辛苦了！

我們改寫了書的定義

創辦人暨名譽董事長　王擎天
總經理暨總編輯　歐綾纖　　　印製者　和楹印刷公司
出版總監　王寶玲

法人股東　華鴻創投、華利創投、和通國際、利通創投、創意創投、中國電
　　　　　視、中租迪和、仁寶電腦、台北富邦銀行、台灣工業銀行、國寶
　　　　　人壽、東元電機、凌陽科技(創投)、力麗集團、東捷資訊

◆台灣出版事業群　新北市中和區中山路2段366巷10號10樓
　　　　　　　　　TEL：02-2248-7896
　　　　　　　　　FAX：02-2248-7758

◆北京出版事業群　北京市東城區東直門東中街40號元嘉國際公寓A座820
　　　　　　　　　TEL：86-10-64172733
　　　　　　　　　FAX：86-10-64173011

◆北美出版事業群　4th Floor Harbour Centre　P.O.Box613
　　　　　　　　　GT George Town, Grand Cayman,
　　　　　　　　　Cayman Island

◆倉儲及物流中心　新北市中和區中山路2段366巷10號3樓
　　　　　　　　　TEL：02-8245-8786
　　　　　　　　　FAX：02-8245-8718

國家圖書館出版品預行編目資料

贏家理財和你想的不一樣：沒學過也看得懂的投資理
財書 / 章鈿著. — 初版. — 新北市中和區：
創見文化，2011.08
　　面；　　公分. — (視野板塊；25)
ISBN 978-986-271-086-9(平裝)

1.投資 2.理財
563　　　　　　　　　　　　　　100010619

贏家
理財
和你想的不一樣
～沒學過也看得懂的投資理財書～

Magic Money Tips

財，越理越少，是你不會理財，
還是根本就用錯方法？

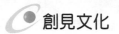

贏家理財和你想的不一樣
～沒學過也看得懂的投資理財書～

出 版 者▶ 創見文化
作　　者▶ 章鈿
品質總監▶ 王寶玲
總 編 輯▶ 歐綾纖
文字編輯▶ 蔡靜怡、馬加玲
美術設計▶ 曾書豫
郵撥帳號▶ 50017206 采舍國際有限公司（郵撥購買，請另付一成郵資）
台灣出版中心▶ 新北市中和區中山路 2 段 366 巷 10 號 10 樓
電　話▶ (02) 2248-7896　　　傳　眞▶ (02) 2248-7758
ISBN　▶ 978-986-271-086-9
出版日期▶ 2011年8月

全球華文市場總代理▶采舍國際
地　址 ▶ 新北市中和區中山路 2 段 366 巷 10 號 3 樓
電　話 ▶ (02) 8245-8786　　　傳　眞 ▶ (02) 8245-8718

全系列書系特約展示
新絲路網路書店
地　址 ▶ 新北市中和區中山路 2 段 366 巷 10 號 10 樓
電　話 ▶ (02) 8245 - 9896
網　址 ▶ www.silkbook.com

線上 pbook&ebook 總代理 ▶ 全球華文聯合出版平台
地　　　址 ▶ 新北市中和區中山路 2 段 366 巷 10 號 10 樓
主題討論區 ▶ www.silkbook.com / bookclub ● 新絲路讀書會
紙本書平台 ▶ www.book4u.com.tw　　● 華文網網路書店
瀏覽電子書 ▶ www.book4u.com.tw　　● 華文電子書中心
電子書下載 ▶ www.book4u.com.tw　　● 電子書中心（ Acrobat Reader ）